Sacré-Cœur
MONTMARTRE
La Villette
Gare du Nord
Gare de l'Est
Parc des Buttes-Chaumont
Canal St-Martin
Place de la République
Musée du Louvre
Forum des Halles
Centre Georges Pompidou
Cimetière du Père-Lachaise
Notre-Dame
Ile de la Cité
QUARTIER DU MARAIS
-in-des-Prés
Bd. St-Germain
Ile St-Louis
Bd. Henri IV
Sorbonne
Opéra Bastille
Bd. Diderot
Place de la Nation
Institut du Monde Arabe
Panthéon
Jardin des Plantes
Gare de Lyon
Ministère des Finances
QUARTIER LATIN
d. du Montparnasse
Gare d'Austerlitz
Palais Omnisport de Paris-Bercy
SE
Place d'Italie
Bois de Vincennes
Bibliothèque Nationale
Parc Montsouris
Seine
ersitaire

# RÉPONDEZ-MOI !
## SIX PHRASES SI FACILES

Koichi ISHINO
Tomokazu ASHIKAWA
Yasushi NORO

Surugadai-shuppansha

装丁：小熊　未央
本文イラスト：前　英里子

# はしがき

　本書は，フランス語を読み，話し，聞き，書く基礎的な能力を養成することをめざしたフランス語初級用総合教科書です．

　全14課からなり，週一コマ60〜90分で，年28〜30回の授業を想定しています．

　各課は3つの大きな柱から成り立っています．

　まず，6つのイラストとそれらに付された文です．この6つの文は，各課のコミュニケーション・テーマに合わせて基本的な言い方を厳選しました．これを理解し，覚え，使うことが各課の前半の目標です．受講生の皆さんには，まずはこの6文をしっかりと覚えるだけでも将来フランスに行ったときに大いに役に立つということを強調したいと思います．

　次に，上の6文を使いこなすために必要な文法の解説と，その練習が続きます．これによって，理屈好きの皆さんも，納得しながら覚えることができるでしょう．

　そして仕上げに，会話と文化情報をフランス語で読みます．それにより，この課で習った表現や文法事項などをおさらいし，これでこの課の目標達成となります．

　会話は日本マンガの翻訳者ロラン・L氏とのインタヴューという形をとっています．日本の「漫画」がフランスでどのように受け入れられているか，これからどのように展開していくか，フランスのBD (bande dessinée) とどう違うのかなどを，日本マンガの紹介者・翻訳者の立場から語っています．また文化情報は，フランスの音楽，テレビ，映画，日常生活などの話題をオリジナルな解説と挿絵で紹介しています．無味乾燥な語学学習などしたくないという皆さんにも，ちょっとオタクな人にも，けっこう満足していただけるのではないでしょうか．

　本書作成に当たり，まずはインタヴューの作成に協力をいただいた日本マンガの紹介者・翻訳者であるご本人のLaurent Latrille氏にお礼を申し上げたいと思います．

　またイラストは6文だけでなく，すべてオリジナルとして描いてもらいました．イラストレーターの前英里子さんには，作成中にあれこれと細かい指示をしたり，訂正をお願いしたりしました．我々のわがままを聞いていただき，とても感謝しています．

　Léna Giuntaさんには，本文の原稿ができた時点でフランス語のチェックをお願いし，さらに録音時にも，Sylvain Detey氏とともに，フランス語についていろいろと貴重なご指摘やアドヴァイスをいただきました．ここにお礼を申し上げます．

著者一同

# Table des matières

アルファベ，基本的な日常表現と読み方の注意　リエゾン　アンシェヌマン　エリズィオン　6

### Leçon 1
彼はジャンです．彼は学生です．　　　　　　　　　　　　　　　　　　　　　　　7
主語人称代名詞　　動詞 être の直説法現在形　　《主語＋動詞＋属詞》
名詞の性・数　　形容詞の性・数　　名詞グループ　　不定冠詞　　c'est
補足●名詞・形容詞の性（変則）　名詞・形容詞の数（変則）

### Leçon 2
スイーツは好きですか？ ― はい，とても．　　　　　　　　　　　　　　　　　11
-er 動詞の直説法現在形　　《主語＋動詞（＋目的語）》　　否定文 ne ... pas
定冠詞　　無音の h／有音の h　　冠詞の用法　　指示形容詞

### Leçon 3
何をしているのですか？ ― 料理をしています．　　　　　　　　　　　　　　15
動詞 avoir, faire の直説法現在形　　部分冠詞　　否定の de
所有形容詞　　直接目的人称代名詞
補足●基数形容詞

### Leçon 4
元気ですか？ ― はい，元気です．　　　　　　　　　　　　　　　　　　　　19
動詞 aller の直説法現在形　　《主語＋動詞（＋副詞句）》　　副詞（句）
縮約　　（副詞的）中性代名詞 y, en

### Leçon 5
来ないですか？ ― いいえ，行きます．　　　　　　　　　　　　　　　　　　23
-ir 動詞の直説法現在形　　全体疑問文（oui-non 疑問）　　否定疑問文
命令法　　否定命令文

### Leçon 6
彼女は働き始める．　　　　　　　　　　　　　　　　　　　　　　　　　　　27
-re 動詞・-oir 動詞の直説法現在形　　《主語＋動詞＋直接目的語＋間接目的語》
間接目的人称代名詞　　強勢人称代名詞　　不定詞文 1　　近い未来・過去
補足●代名詞の語順

### Leçon 7
何をしているのですか？　　　　　　　　　　　　　　　　　　　　　　　　　31
部分疑問文 qui, que / quoi　　前置詞＋疑問代名詞 qui / quoi
疑問形容詞 quel　　疑問副詞 où など　　比較級構文
補足●疑問代名詞 lequel

### Leçon 8
きのう宿題をしました．　　　　　　　　　　　　　　　　　　　　　　　　　35
直説法複合過去形　　受動態構文　　最上級構文　　特殊な比較級・最上級
補足●直接目的語と過去分詞の一致

**Leçon 9** 昨日は天気が悪かった. ……………………………………………… 39
直説法半過去形　　直説法大過去形　　非人称構文
補足●複合過去形と半過去形　時刻の言い方　天候表現

**Leçon 10** 朝起きるの早いですか？ …………………………………………… 43
代名動詞の直説法現在形　　代名動詞の複合過去形
代名動詞の過去分詞の一致

**Leçon 11** 彼らをどう思う？ ……………………………………………………… 47
文：《 主語＋動詞＋直接目的語＋属詞 》　　que 節文　　中性代名詞 le
不定詞文 2（使役・放任・知覚動詞）
補足● trouver のような構文を作る動詞

**Leçon 12** 私のよく知っている人 ………………………………………………… 51
関係文　　関係節　　強調構文　　感嘆文

**Leçon 13** 将来何をする？ ………………………………………………………… 55
直説法単純未来形　　現在分詞　　ジェロンディフ
補足●未来形語幹の例外

**Leçon 14** …とは驚いた. …………………………………………………………… 59
条件法（現在形）　　接続法（現在形）

本書に登場する「マンガ」と文化情報の補足説明　63

## 2 アルファベ Alphabet

| A | B | C | D | E | F | G | H | I | J |
|---|---|---|---|---|---|---|---|---|---|
| [a] | [be] | [se] | [de] | [ə] | [ɛf] | [ʒe] | [aʃ] | [i] | [ʒi] |
| ア | ベ | セ | デ | ウ | エフ | ジェ | アシュ | イ | ジ |

| K | L | M | N | O | P | Q | R | S | T |
|---|---|---|---|---|---|---|---|---|---|
| [ka] | [ɛl] | [ɛm] | [ɛn] | [o] | [pe] | [ky] | [ɛ:r] | [ɛs] | [te] |
| カ | エル | エム | エヌ | オ | ペ | キュ | エール | エス | テ |

| U | V | W | X | Y | Z |
|---|---|---|---|---|---|
| [y] | [ve] | [dubləve] | [iks] | [igrɛk] | [zɛd] |
| ユ | ヴェ | ドゥブルヴェ | イクス | イグレク | ゼッド |

赤字の読み方に注意.

●● 基本的な日常表現と読み方の注意 ●●

## 3 呼びかけ 「先生！そこの方！奥さん！…」：
Monsieur !
Madame !
Mademoiselle !
Messieurs-dames !

あいさつ：
Bonjour !
Bonsoir !
Au revoir !
Ça va ? — Oui, ça va.

## 4 質問：
Vous avez des questions ?
　質問がありますか？
J'ai une question.
　質問があります.
Qu'est-ce que ça veut dire ?
　それはどういう意味ですか？
Comment dit-on « hana » en français ?
　フランス語で「花」を何と言いますか？

指示：
Écoutez bien !　よく聞いてください！
Regardez !　見てください！
Lisez le texte !
　テキスト〔教科書〕を読みなさい！

読み方の注意（以下，[ ]内は発音）：
←特殊な読み方なので聞いて覚えましょう.
語末の e は［無音］か［ウ］（曖昧音）
oi ［wa ワ］　moi ［mwa］
〈母音字 -s- 母音字〉［Z］　※それ以外 ［S］
ss ［S］

bon- ［ボン］の［ン］は鼻から息を抜く
ou ［ウ］（唇を丸めて突き出す）
r （のどの音）⇔ l （舌を上の歯茎につける）
au ［オ］
ça ［サ］　ç は常に ［S］

qu ［k］　question ［ケスチョン］

ai ［エ］　u ［ユ］

Qu'est-ce que ［ケスク］
ca ［カ］　co ［コ］　cu ［キュ］
　⇔ ce と ci はサ行音
en と an は同じ音（［オン］［アン］の中間音）
on ［オン］（唇を丸め狭くし，鼻から息を抜く）
※ in と un はほぼ同じ音（［アン］［エン］の中間音） fin
é, è, ê ［エ］

※ h は発音しない. → p.13「2つの h」.

## 5
リエゾン　　　vous ［ヴ］ + avez ［アヴェ］ → vous‿avez ［ヴザヴェ］
アンシェヌマン　il ［イル］ + est ［エ］ → il‿est ［イレ］
エリズィオン　　je ［ジュ］ + ai ［エ］ → j'ai ［ジェ］

# Leçon 1

彼はジャンです．彼は学生です．

**1** Qui est-ce ?

**2** C'est Jean.

**3** Il est français.

**4** Il est étudiant.

**5** Vous êtes étudiant ?

**6** — Oui, je suis étudiant.

**1.** 「私は」「君は」：人称代名詞（主語）

|   |   |   |   |
|---|---|---|---|
| 単数 | 1人称 | **je** | 私は |
|  | 2人称 | **tu** | 君は |
|  | 3人称 | **il** | 彼〔それ〕は |
|  |  | **elle** | 彼女〔それ〕は |
| 複数 | 1人称 | **nous** | 私たちは |
|  | 2人称 | **vous** | あなた（たち）は |
|  | 3人称 | **ils** | 彼〔それ〕らは |
|  |  | **elles** | 彼女〔それ〕らは |

🔊7 **2.** 動詞 être の直説法現在形

|  |  |
|---|---|
| je | **suis** |
| tu | **es** |
| il | **est** |
| elle | **est** |
| nous | **sommes** |
| vous | **êtes** |
| ils | **sont** |
| elles | **sont** |

● **tu と vous**：tu は親しい間で「君」「おまえ」など，vous はあらたまった関係で単数「あなた」などの意でも用いる． ● **on**：その他に on があり，「（一般的な）人（々），私たち」（状況次第では他の人称・数も）を表す．ただし動詞は常に 3 人称単数．On est.

**3.** 文：《主語＋動詞 être ＋属詞（名詞・形容詞）》

| 〜は | である | 学生〔大きい・…〕 |  |
|---|---|---|---|
| Je | suis | étudiant. | 私は 学生 です． |
| Il | est | grand. | 彼は 背が高い． |

**4.** 名詞の性　　男性名詞 **homme** 男　　**livre** 本　　男性形 **ami** 男友だち　　**étudiant**

女性名詞 **femme** 女　　**revue** 雑誌　　女性形 **ami*e*** 女友だち　　**étudiant*e***

男性形＋ **e** →女性形（原則）

**5.** 名詞の数　　単数形 **homme**　　**étudiant**　　**étudiante**

複数形 **homme*s***　　**étudiant*s***　　**étudiante*s***

単数形＋ **s** →複数形（原則）

*cf.* p.10 文法補足

Je suis étudiant*e*.　　私は（女子）学生です．
Nous sommes étudiant*s*. (= On est étudiant*s*.)　　私たちは学生です．

### Exercices

**1.** 動詞を活用させよう．

**être**「〜です．あります．」

1) Je　(　　　) étudiant.　　　5) Nous (　　　) étudiants.
2) Tu　(　　　) étudiant.　　　6) Vous (　　　) étudiants.
3) Il　(　　　) étudiant.　　　7) Ils　(　　　) étudiants.
4) Elle (　　　) étudiante.　　　8) Elles (　　　) étudiantes.

**2.** 指示に従い、書きかえよう．

1) Je suis français.
「私」を「ジャン Jean」に　　→ Jean (　　　　　) français.

2) Nous sommes japonais.
「私たち」を「彼女たち」に　　→ Elles (　　　　) (　　　　　)．

## 6. 形容詞の性　joli - joli*e* かわいい　　grand - grand*e* 大きい
### 形容詞の数　joli - joli*s*　　grand - grand*s*　　grande - grande*s*

- 形容詞は名詞を修飾する．その際，名詞の性と数に一致させる．
  petit ami　恋人（男）　　　　petit*e* ami*e*　恋人（女）
  Il est grand. 彼は背が高い．　Elle est grand*e*. 彼女は背が高い．

## 7. 名詞グループ

基本語順：≪冠詞＋名詞＋形容詞≫
　　　　　un　vin　**rouge**　　赤ワイン　　→複数形：**des** vins rouges

やや特殊：≪冠詞＋形容詞＋名詞≫
　　　　　un　**bon**　vin　　おいしいワイン　→複数形：**de** bons vins

- 形容詞が名詞の前にある場合，不定冠詞複数は des から de に変わる．

後に置く形容詞：ものごとを客観的に説明・分類するもの．rouge 赤い，adulte 成人の，など．
前に置きやすい形容詞：主観的・感情的な内容をもつもの．grand, petit, bon, mauvais 悪い，など．

## 8. 不定冠詞

|    | 男性 | 女性 |
|----|------|------|
| 単数 | **un** | **une** |
| 複数 | **des** ||

*un* étudiant　　　　*une* étudiante
*des* étudiants　　　*des* étudiantes

## 9. 表現：c'est ～　「これは～です」

**c'est** ＋単数名詞　　「これは～です」　　C'est **un** livre.　　これは本です．
**ce sont** ＋複数名詞　「これらは～です」　Ce sont **des** livres.　これらは本です．

### Exercices

**3.** 日本語に合わせて，次の選択肢から選んで入れよう．

　　　[ bonne / grand / jolie / rouge ]

1) ジャンは背が高い．　　　　　Jean est (　　　　　　).
2) クレールはかわいい．　　　　Claire est (　　　　　　).
3) これは赤い本です．　　　　　C'est un livre (　　　　　　).
4) これは仲のいい友達です．　　C'est une (　　　　　　) amie.

**4.** 指示に従い，書きかえよう．

1) C'est un livre.（複数形に）　　　　→ Ce (　　　　) (　　　　　　) livres.
2) C'est un étudiant.（女性形に）　　→ C'est (　　　　) (　　　　　　).
3) C'est un étudiant.（女性複数形に）→ Ce (　　　　) des (　　　　　　).

## Le manga et la France

*Intervieweuse:* *Bonjour Laurent, enchantée.*

Laurent L.: Enchanté.

*I :* *Comment allez-vous ?*

*L :* *Je vais bien, merci.*

*I :* *Vous êtes traducteur, et j'ai des questions sur votre\* travail.*

*L :* *Allez-y\*\*.*

*I :* *Comment dit-on « manga » en français ?*

*L :* *C'est le « manga ».（À suivre）*

\*votre「あなたの（もの）」（所有形容詞）→ Leçon 3, p.17
\*\*Allez-y.「どうぞ」（命令法）→ Leçon 5, p.25.

### Tu connais ce truc ?

**Qui est Laurent L. ?**（ロラン・L. って誰？）

*Nicky Larson* って何の漫画のことでしょうか。
*C'est un traducteur de mangas. Il est français. Il aime\* Nicky Larson. Nicky Larson, qu'est-ce que c'est ?*

\*Il aime... :「彼は…が好きです。」→ Leçon 2

### 文法補足

**名詞・形容詞の性**（変則）

男性形に -e をつけることで，語尾にやや変化が生じるものがある．

bon → bonne よい　　léger → légère 軽い　　réel → réelle 現実の
actif → active 活動的な　heureux → heureuse 幸せな
acteur → actrice 俳優　doux → douce 甘い　blanc → blanche 白い

● 男性形が -e で終わるものは男女同形．

　　impossible 不可能な, journaliste ジャーナリスト

**名詞・形容詞の数**（変則）

複数形 -s の代わりに -x となり，さらに変化するものがある．

gâteau → gâteaux ケーキ　　beau → beaux 美しい　　animal → animaux 動物　　travail → travaux 仕事

特殊な複数形：

œil → yeux 目　　monsieur → messieurs 紳士，男性への敬称　　madame → mesdames 女性への敬称

● 単数形が -s, -x, -z で終わるものは単複同形．

　　Français フランス人, voix 声, nez 鼻

---

### ★道で出会ったら★

あいさつの表現：
Salut. Comment allez-vous ?
—Je vais bien.
Comment ça va ? —Ça va bien.
→ p.4「あいさつ」

別れ際に：
Bonne soirée. / Bonne nuit. / À bientôt. / Ciao.

### ★ものの名前★

〈教室・授業〉

男性名詞

cahier ノート
dictionnaire 辞書
lycée 高校
manuel 教科書
stylo 万年筆
\* stylo à bille ボールペン

女性名詞

chaise いす
classe クラス
école 学校
table 机
université 大学

〈よく使うもの〉

portable 携帯電話
ordinateur コンピューター
\*「パソコン」は PC（ときに micro）ともいう．

〈職業名〉

\*多くは男性形と女性形の両方をもちます．

| | |
|---|---|
| パン屋 | boulanger / boulangère |
| 菓子職人 | pâtissier / pâtissière |
| インタヴュアー | interviewer / intervieweuse |

# Leçon 2

スイーツは好きですか？ — はい，とても．

11  ① Vous aimez les gâteaux ?

② — Oui, j'aime beaucoup.

③ Vous parlez français ?

④ — Oui, un peu.

⑤ Vous travaillez ?

⑥ — Non, je ne travaille pas.

## 1. -er 動詞

aim**er** 好む，parl**er** 話す，habit**er** 住む，regard**er** 見る，travaill**er** 働く，など．

## 2. -er 動詞の直説法現在形

活用形の作り方

不定形（原形）**aim**er などから -er をとる．
↓

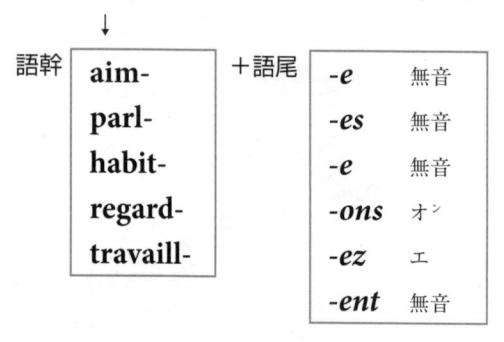

| 語幹 | aim-<br>parl-<br>habit-<br>regard-<br>travaill- | ＋語尾 | -e 無音<br>-es 無音<br>-e 無音<br>-ons オン<br>-ez エ<br>-ent 無音 |
|---|---|---|---|

**aimer** 好む

| j'**aime** |
| tu **aim**es |
| il **aim**e |
| nous **aim**ons |
| vous **aim**ez |
| ils **aim**ent |

**parler** 話す

| je **parl**e |
| tu **parl**es |
| il **parl**e |
| nous **parl**ons |
| vous **parl**ez |
| ils **parl**ent |

## 3. 文：《主語＋動詞（＋目的語）》

Je travaille.　　　私は 働いている．
Il parle français.　　　彼は フランス語を 話す．

## 4. 否定文：« 主語 ne 動詞 pas »

Je travaille. → Je **ne** travaille **pas**.　　　私は働いていない．
J'aime les chats. → Je **n'**aime **pas** les chats.　　　私はネコは好きではない．
Il est français. → Il **n'**est **pas** français.　　　彼はフランス人ではない．

### Exercices

**1.** 動詞を活用させよう．

　　　chanter 「歌う」　　　　　donner 「あげる」
　　je　chante　　　　　　　　1) je　(　　　　)
1) tu　(　　　　)　　　　　　　tu　donnes
　　il / elle　chante　　　　　 2) il / elle　(　　　　)
2) nous　(　　　　)　　　　　　nous　donnons
　　vous　chantez　　　　　　 3) vous　(　　　　)
3) ils / elles (　　　　)　　　　 ils / elles　donnent

**2.** 否定文にしよう．

1) L'oiseau chante.　　　→ L'oiseau (　　　) chante (　　　).
2) Les chats aiment l'eau.　→ Les chats (　　　) aiment (　　　) l'eau.
3) Elle est française.　　　→ Elle (　　　) est (　　　) française.

Leçon 2

## 5. 定冠詞

|  | 男性 | 女性 |
|---|---|---|
| 単数 | **le** ( l' ) | **la** ( l' ) |
| 複数 | **les** |

*le* livre　　*la* revue　　*l'* ami　　*l'* amie
*les* livres　*les* revues　*les* amis　*les* amies

● l' は母音（または無音の h）で始まる名詞につくとき．

## 6. 2つの h

無音の h ：l'homme, l'hôtel, l'histoire, l'habitude などラテン語起源の語の多く．
有音の †h ：le hall, le hasard, la hauteur, la harpe などゲルマン語起源の語や外来語に多い．
● 有音の †h の語頭は子音扱いし，エリィズィオンなどをしない．辞書の見出しや発音記号に†がつく．

## 7. 冠詞の用法

| 不定冠詞 | 不特定を表す | 初出・未知・新情報 | 個別（→総称） | 「ある～」「何か～」 |
|---|---|---|---|---|
| 定冠詞 | 特定・限定・唯一 | 既出・既知・旧情報 | 総称（種全体） | 「その・例の」「すべての」 |

C'est *un* livre.　　　　　これは本です．（不特定・初出）
C'est *le* livre de Jean.　これはジャンの本です．（特定・限定）
J'aime *le* chocolat.　　　私はチョコレート〔ココア〕が好きだ．（総称．数えられないものは単数）
Tu aimes *les* chats ?　　 君はネコは好き？（総称．数えられるものは複数）

## 8. 「この，あの，…」指示形容詞　*cf.* p.14 文法補足

|  | 男性 | 女性 |
|---|---|---|
| 単数 | **ce** (cet) | **cette** |
| 複数 | **ces** |

*ce* livre　　*cet* étudiant　　*cette* revue
*ces* livres　*ces* étudiants　*ces* revues

● cet は母音（または無音の h）始まりの語の前に用いる．

### Exercices

**3.** 発音しよう．
1) C'est un héros.
2) Elle aime cette histoire.

**4.** 冠詞を入れよう．
1) C'est (　　) singe.
2) J'aime (　　) singes.
3) Olivier a (　　) cheval.
4) C'est (　　) cheval d'Olivier.
5) C'est (　　) étudiante.
6) (　　) étudiante n'aime pas le chocolat.

### Le manga et la France

**14**

I : *Donc, vous êtes un traducteur français. Est-ce que c'est « le » manga ou « la » manga ?*

L : *On dit « le » manga en français. Mais certains Français utilisent\* le féminin\*\*.*
　*(À suivre)*

\* < utiliser「使う，使用する」→ 活用をしてみよう．
\*\*féminin　形容詞としては「女性の，女性的な」，名詞としては「女性形，女らしさ」の意．「マンガ」に女性名詞を使うフランス人がいるというのは，フランス語で「マンガ」にあたる la bande dessinée（B.D. とも書く）が女性名詞だから．→ Tu connais ce truc ?

| utiliser | |
|---|---|
| j'utilise | nous utilisons |
| tu utilises | vous utilisez |
| il utilise | ils utilisent |

### Tu connais ce truc ?

**15**

## TEZUKA et HERGÉ（手塚とエルジェ）

　手塚治虫といえば漫画の神様．フランス語で漫画を意味する B.D. の世界で言えば？

　Le manga désigne la bande dessinée japonaise. Pour les Français, Osamu TEZUKA est le père du\* manga et Hergé est le père de la bande dessinée. Tout le monde aime son *Tintin*.

\*du : de と le が並ぶと du となる．→ Leçon 4, p.21「縮約」

### 文法補足

「こちらの〜」「あちらの〜」　**ce** ＋名詞 **-ci**（近い方）／ **ce** ＋名詞 **-là**（遠い方）
遠近を区別したいときは，後に **-ci** / **-là** をつける．

　*Ce* livre-*ci* est léger, mais *ce* livre-*là* est lourd.
　　こちらの本は軽いが，あちらの本は重い．

　J'aime *cette* histoire-*ci* et Anne préfère *cette* histoire-*là*.
　　私はこちらの物語が好きで，アンヌはそちらの話の方が好きだ．

# Leçon 3

何をしているのですか？ — 料理をしています．

16

① Qu'est-ce que vous avez ?

② — J'ai un problème.

③ Vous avez une voiture ?

④ — Non, je n'ai pas de voiture.

⑤ Qu'est-ce qu'il fait ?

⑥ — Il fait la cuisine.

**1.** 動詞 avoir の直説法現在形

| j'ai | nous avons |
|---|---|
| tu as | vous avez |
| il a | ils ont |

**2.** 動詞 faire の直説法現在形

| je fais | nous faisons |
|---|---|
| tu fais | vous faites |
| il fait | ils font |

J'*ai* un enfant.　私には子どもが（一人）いる．
Qu'est-ce que vous *avez* ?　どうしましたか？
— J'*ai* un problème.　問題があります．

Il *fait* la cuisine ?　彼は料理をする？
Qu'est-ce que tu *fais* dans la vie ?　仕事は何をしてるの？
— Je suis étudiant.　学生です．

● qu'est-ce que ... ?　何を？（→ L.7）「何をもっているか」→「どうしたのか」

**3.** 部分冠詞

数えられないものとして，（数ではなく）量としてとらえていることを示す冠詞．

| | 男性 | 女性 |
|---|---|---|
| 単数 | **du**<br>( de l' ) | **de la**<br>( de l' ) |

● de l' は母音（または無音の h）で始まる名詞の前で．
● 部分冠詞に複数形はない．

*du* café　コーヒー　　*de la* viande　肉
*de l'*argent　お金　　*de l'*eau　水

Les Français mangent *du* lapin.　　フランス人はウサギを食べる．
Tu as *de l'*esprit.　　　　　　　　君には才気がある．
Nous faisons *du* football〔*de la* natation〕.　私たちはサッカー〔水泳〕をする．
Il y a *de l'*eau fraîche dans le frigo.　冷蔵庫に冷たい水がある．

### Exercices

**1.** 動詞を活用させよう．
　1) avoir　　Vous (　　　　) des enfants ? — Oui, j'(　　　　) deux enfants.
　2) avoir　　Tu (　　　　) de la chance !
　3) faire　　Je (　　　　) du ski en hiver.

**2.** 日本語に合わせて，部分冠詞を入れよう．
　1) 君は勇気がある．　　　　　　　Tu as (　　　　) courage.
　2) 私はソーダ水を飲む．　　　　　Je bois (　　　　) limonade.
　3) 彼女はミネラルウォーターを飲む．Elle boit (　　　　)eau minérale.

Leçon 3

## 4. 否定の de

直接目的語の数量が否定される文において，不定冠詞，部分冠詞は **de** になる．

Elle a *une* voiture. → Elle n'a pas **de** voiture. 彼女は車を持っていない．
Il mange *de la* viande. → Il ne mange pas **de** viande. 彼は肉を食べない．

● 数量が否定されないときは de にならない．

C'est un livre. → Ce n'est pas un livre. それは本ではない．
J'aime les pommes. → Je n'aime pas les pommes. 私はリンゴは好きではない．

## 5.「私の，君の」所有形容詞

所有者ではなく，所有物の性・数に一致する．

| 所有者→ | | | 私(の) | 君(の) | 彼(女)(の) | 私達(の) | あなた達(の) | 彼(女)ら(の) |
|---|---|---|---|---|---|---|---|---|
| 所有物 | 単数 | 男 | **mon** | **ton** | **son** | **notre** | **votre** | **leur** |
| | | 女 | **ma** (mon) | **ta** (ton) | **sa** (son) | | | |
| | 複数 | | **mes** | **tes** | **ses** | **nos** | **vos** | **leurs** |

*mon* père 私の父   *ma* mère 私の母   *mes* parents 私の両親
*son* père 彼〔彼女〕の父   *sa* mère 彼〔彼女〕の母   *ses* parents 彼〔彼女〕の両親

● 女性形の (mon), (ton), (son) は母音（または無音のh）で始まる女性名詞につくとき．*ton* amie 君の女友達

## 6. 人称代名詞（直接目的）

Vous *m'*écoutez ? — Oui, je *vous* écoute.
私の話を聞いていますか？—はい，聞いています．

Il fait bien la cuisine ? — Oui, il *la* fait très bien.
彼は料理が上手？—はい，とても上手です．

Tu regardes tes filles ? — Non, je ne *les* regarde pas.
君の娘たちを見ているのか？—いや，見ていない．

| 主語 | 直接目的 |
|---|---|
| je | **me** (m') |
| tu | **te** (t') |
| il | **le** (l') |
| elle | **la** (l') |
| nous | **nous** |
| vous | **vous** |
| ils | **les** |
| elles | |

● m', t', l' は母音（または無音のh）で始まる動詞などの前で用いる．
le, la, les はものも表す．

### Exercices

**3.** 日本語に合わせて，所有形容詞を入れよう．
1) (　　　) père「私の」   2) (　　　) sœurs「君の」   3) (　　　) parents「彼らの」

**4.** 指示に従い，書きかえよう．
1) 否定文に：Il a un frère. → Il (　　) a (　　) (　　) frère.
2) 否定文に：Mon père boit du café. → Mon père (　　) boit (　　) (　　) café.
3) 下線部を人称代名詞に：J'aime <u>mon chat</u>. → Je (　　) aime.
4) 下線部を人称代名詞に置きかえて答える → Vous regardez <u>la télévision</u> ? — Oui, je (　　) regarde.

17

### Le manga et la France

**19**

*I :* *Je vous écoute avec intérêt\*. Qu'est-ce que vous avez comme mangas en France ?*

*L :* *Nous avons beaucoup de mangas en France.*

*I :* *Qu'est-ce que vous aimez ?*

*L :* *J'aime bien la science-fiction et les comédies. (À suivre)*

\*avec intérêt「興味深く」

### Tu connais ce truc ?

**20**

« judo », « Kawaii ! » et « Gothique-Lolita »（柔道，カワイー！，ゴスロリ）

フランス人は「マンガ」を通して，多様な日本文化を学びます．

Les jeunes Français apprennent\* aussi la culture et les mots japonais avec les mangas. Ils connaissent\*\* le « judo », le mot « Kawaii ! » et le concept « Gothique-Lolita » avec le *Portrait de Petite Cosette*.

\* > apprendre「学ぶ」→ Leçon 6, p.28 の prendre と同じ活用をする．
\*\* > connaître「知っている」→ 活用と綴り (i) に注意．

**21** ★基数形容詞★

| 1 | 2 | 3 | 4 | 5 | 6 | 7 | 8 | 9 | 10 |
|---|---|---|---|---|---|---|---|---|---|
| un | deux | trois | quatre | cinq | six | sept | huit | neuf | dix |
| 11 | 12 | 13 | 14 | 15 | 16 | 17 | 18 | 19 | 20 |
| onze | douze | treize | quatorze | quinze | seize | dix-sept | dix-huit | dix-neuf | vingt |

Vous avez quel âge ? — J'ai **dix-huit** ans.　あなたは何歳ですか？—18歳です．
Il y a **vingt** personnes dans cette salle.　このホールには 20 人いる．

# Leçon 4

元気ですか？— はい，元気です．

**1** Vous allez bien ?

**2** — Oui, je vais très bien.

**3** Tu vas souvent à Paris ?

**4** — Oui, j'y vais souvent.

**5** Il habite où ?

**6** — Il habite à Otaru.

## 1. 動詞 aller の直説法現在形

| | |
|---|---|
| je | vais |
| tu | vas |
| il | va |
| nous | allons |
| vous | allez |
| ils | vont |

Vous *allez* bien ?　　　　　　元気ですか？
— Oui, je *vais* très bien.　　　はい，とても元気です．
Ça *va* ?　　　　　　　　　　元気〔だいじょうぶですか〕？
— Oui, ça *va*.　　　　　　　うん，元気〔だいじょうぶです〕．
Elle *va* où ?　　　　　　　　彼女はどこに行くのですか？
— Elle *va* à Okinawa.　　　　彼女は沖縄に行く．

## 2. 文：《主語＋動詞（＋副詞句）》

Ça　va.　　　　　　　　　—　　順調にいっている．
Je　vais　bien.　　　　　　私は　うまく　行っている．
Elle　va　à Okinawa.　　　彼女は　沖縄に　行く．
Il　habite　où ?　　　　　　彼は　どこに　住んでいる？
Il　habite　en France.　　　彼は　フランスに　住んでいる．

## 3. 副詞（句）

様態の副詞（句）：très bien とてもよく，un peu すこし，beaucoup たくさん，など．
状況補語：（場所）à Okinawa 沖縄に，à Kyoto 京都に，en France フランスに，où どこに，など．
　　　　（時間）aujourd'hui 今日，à midi 正午に，le week-end 週末に，など．
　　　　（頻度）toujours いつも，souvent しばしば，parfois ときどき，など．

### Exercices

**1.** aller（「行く」）を活用させよう．
1) Tu (　　　　) à Tokyo ?
2) Nous (　　　　) à Kyoto.
3) Vous (　　　　) en France ?　　●女性名詞の国名には en を用いる．

**2.** 出身地と住所を言おう．
1) Je viens de 出身地.　2) J'habite à 都市名.　●viens ＜ venir「来る」 *cf.* L.5

**3.** 日本語に合わせて，(　　) を入れかえよう．
1) Tu aimes le chocolat ? →　「すこし」　　Oui, j'aime (　　　　)．
　　　　　　　　　　　　　　「とても」　　　　　　　　(　　　　)．
　　　　　　　　　　　　　　「情熱的に」　　　　　　　(　　　　)．
2) Il cuisine ? →　「正午に」　　Oui, il fait la cuisine à (　　　　)．
　　　　　　　　「今日(きょう)は」　　　　　　　　　(　　　　)．
　　　　　　　　「週末だけ」　　　　　　　　　　le (　　　　) seulement.

## 4. 縮約＝前置詞 à〔de〕＋定冠詞

| au | à le café | → | *au* café カフェで〔に〕 |
| | | | ただし *à l'*examen 試験で（母音または無音の h 始まりの名詞） |
| aux | à les marchés | → | *aux* marchés 市場で〔に〕 |
| | | | *aux* étudiants 学生たちに（母音始まりでも） |
| du | de le métro | → | *du* métro 地下鉄の　*de l'*examen 試験の |
| des | de les champs | → | *des* champs 野原の |
| | | | *des* étudiants 学生たちの |

● ただし女性形（単数形）では縮約しない．
　à + la → そのまま　　*à la* boutique ブティックに　　*à l'*école 学校に
　de + la → そのまま　　*de la* boutique ブティックの　　*de l'*école 学校の

## 5. y, en（副詞的）中性代名詞

**y**：《à + 名詞句（ものごと）》，または「場所（目的地）」の表現などをうける．
　On va *au café* ? — Oui, on *y* va. カフェに行こうか？— うん，行こう．
　Il pense *à ça* ? — Oui, il *y* pense souvent. 彼はそのことを考える？— うん，しばしば．

**en**：《de + 名詞句（ものごと）》《de + 場所（出発点）》をうける．
　On parle encore *de cela* ? — Oui, on *en* parle toujours.
　　皆がまたそのことを話している？— ええ，いつも話している．
　Elle vient *d'Osaka* ? — Non, elle n'*en* vient pas.　● vient < venir「来る」 cf. L.5
　　彼女は大阪から来たの？— いいえ，そこからではない．

不定冠詞・部分冠詞のついた名詞や不特定の数量としてとらえている名詞をうける．
　Vous mangez *du lapin* ? — Oui, nous *en* mangeons.
　　あなた（がた）はウサギを食べますか？— 食べます．
　Elle a *des enfants* ? — Oui, elle *en* a deux. / Non, elle n'*en* a pas.
　　彼女には子どもがいますか？— 2人います．（数を添えることもある）／いいえ，いません．

### Exercices

**4.** 例にならい，下線部を正しい形にしよう．
　例）Je viens <u>de le</u> Japon.　　　　　→　( du )
　1）Je vais <u>à les</u> États-Unis.　　　　→　(　　　　)
　2）C'est le cahier <u>de les</u> étudiants.　→　(　　　　)

**5.** 外国旅行をしているつもりで，適切な語を入れよう．（*cf.* p.22 国名）
　1）Je viens (　　) Japon. Je voyage (　　) France. Je vais aussi (　　) États-Unis.
　2）J'habite (　　) Corée du Sud. Je voyage (　　) Mexique. Je vais aussi (　　) Angleterre.

**6.** 下線部を代名詞におきかえて，答えよう．
　1）Tu parles <u>de lapin</u> ?　　— Non, je n'(　　) parle pas.
　2）Vous avez <u>des timbres</u> ?　— Oui, j'(　　) ai vingt.
　3）Nous allons <u>au Brésil</u> ?　— Non, nous n'(　　) allons pas.

### 25 Le manga et la France

*I : On se tutoie\* ?*

*L : D'accord.*

*I : Tu vas souvent dans les librairies de mangas ?*

*L : Oui, j'y vais tout le temps\*\*.*

*I : Il y en a beaucoup à Paris ?\*\*\**

*L : On a pas mal de magasins. Par contre\*\*\*\*, il y a très peu de manga café. (À suivre)*

\*se tutoyer「互いに tu を用いて話す」．友達同士の親密な表現．cf. vouvoyer
\*\*tout le temps「いつも」
\*\*\*Il y a ...「…がある」
\*\*\*\*Par contre「反対に」

### 26 Tu connais ce truc ?

**Girl meets boy ?**（ガール・ミーツ・ボーイ？）

意外や意外，吉祥寺が異文化交流の場所になる？

Le mot « kafe »（カフェ）en japonais vient du mot français « café »\*. Il y a environ 10 000 cafés à Paris. C'est un lieu de rencontre\*\*. Les Françaises viennent au Japon et cherchent peut-être de beaux garçons\*\*\* à Kichijoji avec *Au Café Kichijoji* à la main …

\* フランス語の café には「喫茶店」の他，飲み物としての「コーヒー」の意味もある．
\*\*lieu de rencontre「出会いの場」
\*\*\*garçon には「少年」の他，「ボーイ，給仕」の意味もある．

★国名★

le Japon　日本
le Canada　カナダ
le Mexique　メキシコ
le Cambodge　カンボジア

la France　フランス
l'Italie　イタリア
l'Angleterre　イギリス
la Corée　朝鮮・韓国
la Chine　中国

les États-Unis　アメリカ合衆国
les Philippines　フィリピン

Au Café Kichijoji

# Leçon 5

来ないですか？ —いいえ，行きます．

① Est-ce que tu parles français ?

② — Oui, je parle un peu.

③ Vous ne parlez pas japonais ?

④ — Si, je parle bien.

⑤ Parlez français !

⑥ Ne parlez pas japonais en classe !

23

## 1. -ir 動詞

courir 走る，sortir 出る，finir 終える，venir 来る，mourir 死ぬ，offrir 提供する，など．

## 2. -ir 動詞の直説法現在形

活用形の作り方

courir 走る（同類 accourir 駆けつける，parcourir 歩き回る）
↓ -ir をとる

語幹　+　語尾

| cour |

| -s | 無音 | -ons | オン |
| -s | 無音 | -ez | エ |
| -t | 無音 | -ent | 無音 |

→ courir 直説法現在形

| je cours | nous courons |
| tu cours | vous courez |
| il court | ils courent |

語幹が2種あるもの

sortir 出る（同類 dormir 眠る, servir 役立つ）

| je sors | nous sortons |
| tu sors | vous sortez |
| il sort | ils sortent |

finir 終える（同類 réussir 成功する）

| je finis | nous finissons |
| tu finis | vous finissez |
| il finit | ils finissent |

mourir 死ぬ

| je meurs | nous mourons |
| tu meurs | vous mourez |
| il meurt | ils meurent |

語幹が3種　venir 来る（同類 tenir 維持する）

| je viens | nous venons |
| tu viens | vous venez |
| il vient | ils viennent |

語尾が -er 動詞と同じになるものがある：
ouvrir 開く，offrir 提供する，souffrir 苦しむ，など．

## 3. 全体疑問文（oui-non 疑問）

| 平叙文？ | Est-ce que... ? | 主語倒置？ |
|---|---|---|
| Vous êtes content ? | Est-ce que vous êtes content ? | Êtes-vous content ? |
| Il parle français ? | Est-ce qu'il parle français ? | Parle-t-il français ? |
| Elle a des enfants ? | Est-ce qu'elle a des enfants ? | A-t-elle des enfants ? |
| 主語が名詞<br>Jean est sympa ?<br>Anne va bien ? | Est-ce que Jean est sympa ?<br>Est-ce qu'Anne va bien ? | 複合倒置形<br>Jean est-il sympa ?<br>Anne va-t-elle bien ? |

### Exercices

1. 動詞を活用させよう．

1) courir　　Un chien (　　　　) dans le champ.
2) dormir　　Je (　　　　) avec mon chat.
3) finir　　Nous (　　　　) nos devoirs avant le dîner.
4) venir　　Ils (　　　　) au café tous les soirs.

Leçon 5

## 4. 否定疑問文「…ないのですか？」

**N'**êtes-vous **pas** content ? – **Si**, je suis content. (× ~~Oui~~)
うれしくないのですか？―いいえ，うれしいです．

　　cf. Êtes-vous content ? – **Oui**, je suis content.

Anne **n'**a-t-elle **pas** de frères ? – **Non**, elle n'en a pas. / **Si**, elle en a beaucoup.
アンヌには兄弟はいないのですか？―はい，いません．／いいえ，たくさんいます．

## 5. 命令法

作り方：直説法現在形から主語を除く．2 人称 (tu, vous) と 1 人称複数 (nous) のみ．
　　courir → **Cours !** 走れ．**Courons !** 走ろう．**Courez !** 走れ／走りなさい．

例外： avoir：**Aie, Ayons, Ayez**　　　être：**Sois, Soyons, Soyez**
　　　savoir 知る：**Sache, Sachons, Sachez**
　　　vouloir 欲する：**Veuille, Voulons, Veuillez**

● -er 動詞（および同じ活用語尾をもつ動詞）は，tu の命令形では –s が落ちる．
　　Tu regardes → **Regarde !** Tu vas → **Va !** （ただし **Vas-y !**）Tu ouvres → **Ouvre !**

否定命令文：否定文から主語を除く．
　　Vous *ne* courez *pas*.
　　→ **Ne** courez **pas** ! 走るな．

---

### Exercices

**2.** 指示に従い，質問をしよう．

Vous parlez français ?
1) est-ce que をつけて　　　　　　(　　　　　　　　　　) vous parlez français ?
2) 倒置の形で　　　　　　　　　　(　　　　　) - (　　　　　) français ?

Ce professeur est sympa.
3) 複合倒置で　　　　　　　　　　(　　　　　) (　　　　　) est-(　　　　　) sympa ?

Vous n'êtes pas fatigué.
4) 倒置形で　　　　　　　　　　　(　　　　　　　　)-(　　　　　) pas fatigué ?
5) →答は？　　　　　　　　　　　― (　　　　　), je suis fatigué.

**3.** 指示に従い、動詞を命令形にしよう．
1) aller 　：一緒に映画に行きましょう（主語は nous）．　(　　　　　　) ensemble au cinéma.
2) écouter ：よく聞きなさい（主語は vous）．　　　　　　 (　　　　　　) bien !
3) parler　：授業中に話をしてはいけません（主語は vous）．Ne (　　　　　) pas pendant le cours.

### Le manga et la France

30

I : *Parle-moi de ton travail.*
L : *Ma femme m'aide beaucoup pour les traductions.*
I : *Est-ce que tu n'aimes pas les dessins animés japonais ?*
L : *Si, j'adore. Mais les mères de famille françaises n'aiment pas trop les mangas.*
   *(À suivre)*

31

### Tu connais ce truc ?

**Le rap en français, est-ce possible ?**（フランス語でラップ，そんなのあり？）

フランス語でラップなんて・・・そんなことを言われた時代もありました．

Le rap en français, est-ce possible ? Lors de la mode de « Auteuil Neuilly Passy » des Inconnus* dans les années 80, beaucoup de Français étaient** encore sceptiques***. Mais après MC Solaar****, on n'en***** doute plus. C'est un vrai pionnier, et beaucoup d'autres le suivent. Les jeunes Français adorent cet art de la rue.

   *Les Inconnus「知られざる者」の名を持つお笑い三人組．
  **étaient être の過去形（→ Leçon 9 半過去形）
 ***sceptique「懐疑的な，半信半疑の」
****MC ソラール．アフリカ出身のラッパー．
*****en は中性代名詞→ Leçon 4, p.21. ne...plus「もはや…ない」→ *cf.* Leçon 2

★ちょこっと解説★
若者に人気のフランス語ラップ．ただし一部には若者の反社会的な行動を助長するのではと考える人も今なおいるようです．

# Leçon 6

彼女は働き始める.

**1** Donnez-moi ce billet !

**2** — Pas possible !

**3** Viens dîner chez moi.

**4** — Je veux bien.

**5** Moi, je l'aime.

**6** — Mais elle, elle ne t'aime pas.

## 1. -re 動詞・-oir 動詞（直説法現在形）

**lir**e 読む

| j. **lis** | n. **lis**ons |
|---|---|
| t. **lis** | v. **lis**ez |
| il **lit** | ils **lis**ent |

**dir**e 言う（やや特殊）

| j. **dis** | n. **dis**ons |
|---|---|
| t. **dis** | v. **dit**es |
| il **dit** | ils **dis**ent |

**prend**re とる

| j. **prend**s | n. **pren**ons |
|---|---|
| t. **prend**s | v. **pren**ez |
| il **prend** | ils **prenn**ent |

**sav**oir 知る

| j. **sai**s | nous **sav**ons |
|---|---|
| t. **sai**s | vous **sav**ez |
| il **sai**t | ils **sav**ent |

**v**oir 見える

| j. **vois** | n. **voy**ons |
|---|---|
| t. **vois** | v. **voy**ez |
| il **voit** | ils **voi**ent |

**pouv**oir できる

| j. **peu**x | n. **pouv**ons |
|---|---|
| t. **peu**x | v. **pouv**ez |
| il **peu**t | ils **peuv**ent |

## 2. 文：《主語＋動詞＋直接目的語＋間接目的語》

Je　dis　　bonjour　à Max.　　私は　マックスに　挨拶を　する.
Il　donne　ce livre　à Léa.　　彼は　レアに　この本を　あげる.

## 3. 人称代名詞（直接目的＋間接目的）

Je dis bonjour *à Max*.

→ Je le *lui* dis.　私は**彼**に**それ**を言う.

Il donne ce livre *à Léa*.

→ Il le *lui* donne.　彼は**彼女**に**これ**をあげる.

● m', t' は母音（または無音の h）で始まる動詞などの前で用いる.
　　Tu m'appelles ?　僕を呼んでいる［僕に電話する］？
　lui, leur は人を示すのがふつう. *cf.* p.30 文法補足

| 主語 | 直接目的 | 間接目的 |
|---|---|---|
| je | me (m') | me (m') |
| tu | te (t') | te (t') |
| il | le (l') | lui |
| elle | la (l') | |
| nous | nous | nous |
| vous | vous | vous |
| ils | les | leur |
| ells | | |

### Exercices

**1.** 動詞を活用させよう.
　1) lire　　　Qu'est-ce que vous (　　　　) en ce moment ?
　2) prendre　Les Japonais ne (　　　　) pas de vacances.
　3) voir　　　Nous (　　　　) le paysage.

**2.** 下線部を代名詞におきかえよう.
　1) Je dis adieu à mes amis.　　→ Je (　　) (　　) dis.
　2) Il offre ce bouquet à son amie.　→ Il (　　) (　　) offre.

## 4. 人称代名詞（強勢形）

*Moi*, je l'aime, mais *elle*, elle ne m'aime pas.
　　僕は彼女が好きなのに彼女は…．（主語の強調）

Venez chez *nous* avec *lui*.
　　彼と一緒にうちにいらっしゃい．（前置詞の後）

Dis-*moi* la vérité. 　私に本当のことを言え．
　　（命令文の目的語．moi, toi のみ）　*cf.* p.30 文法補足

| 主語 | 強勢形 |
|---|---|
| je | **moi** |
| tu | **toi** |
| il | **lui** |
| elle | **elle** |
| nous | **nous** |
| vous | **vous** |
| ils | **eux** |
| elles | **elles** |

## 5. 不定詞文 1：《動詞＋不定詞》

**devoir** :　　On *doit* partir. 行かねばならない．出かけるにちがいない．（義務・確信）
**pouvoir** :　　On *peut* nager. 泳げる．（可能・許可）
**savoir** :　　Il *sait* nager. 彼は泳げる．（能力）
**aimer** :　　Elle *aime* voyager. 旅行するのが好きだ．
**vouloir** :　　Je *voudrais* rentrer. 帰りたいのですが．（やわらかい欲求）（→ L 14 条件法）
**aller** :　　Il *va* chercher le journal. 新聞をとりに行く．（移動＋目的）
**venir** :　　*Viens* me voir ce soir. 今晩私に会いに来なさい．（移動＋目的）

《動詞＋前置詞＋不定詞》: **commencer à** （～し始める），**continuer à** [de] （～し続ける），
**finir de** （～し終える），**cesser de** （～するのをやめる〔絶つ〕），など．
　　Elle *commence à* travailler. 彼女は働き始める．

## 6. 近い未来・過去

**aller** ＋不定詞：　　Il *va* aller à Fukushima. 福島に行くつもりだ．（近い未来・意志未来）
**venir de** ＋不定詞：　　Il *vient de* revenir. 戻ったばかりだ．（近い過去）

### Exercices

**3.** 日本語に合わせて，代名詞を入れよう．

1)「私に」　Donne- (　　　) de l'argent.　　2)「僕の家に」　Tu viens chez (　　　)?
　「彼に」　　　　(　　　)　　　　　　　　　「僕らの家に」　　　　　　　　(　　　)?
　「彼らに」　　　(　　　)　　　　　　　　　「彼女の家に」　　　　　　　　(　　　)?

**4.** 指示に従い，言いかえよう．

1) Vous venez à Tokyo ?　　→（近い未来）Vous (　　　) venir à Tokyo ?
2) Je lis le journal.　　→（近い過去）Je (　　　) (　　　) lire le journal.

### 35　Le manga et la France

I : *Pourquoi les mères de familles françaises n'aiment-elles pas les mangas ?*

L : *Ken le survivant* est à l'origine du « manga-bashing* » chez nous. Pour les parents français, le manga n'est que violence... Moi, je lis beaucoup de mangas et j'adore les dessins animés comme *Olive et Tom*.

I : *Tu peux en citer d'autres ?*

L : Je viens de citer *Ken le survivant*. Mais avec un bon scénario, je peux tout apprécier** !
(À suivre)

*manga-bashing 「マンガ叩き」:「マンガ」を手きびしく批判すること.
**tout は動詞 apprécier「～を高く評価する，～を好む」の目的語.

### 36　Tu connais ce truc ?

**Invasion japonaise du dessin animé ?**（アニメによる日本の侵略？）

「マンガ」の前には，たくさんのアニメが海を渡りました．

Beaucoup d'adultes français ne connaissent pas la richesse des mangas et des dessins animés japonais. Mais les anciennes générations connaissent des dessins animés comme *Goldorak* et *Jeanne et Serge*. Les jeunes aujourd'hui continuent à les aimer.

*ne...que~「～しか…ない」

#### 文法補足

代名詞の語順

|  | 間接のみ | 直接 | 間接 | 中性 |  |
|---|---|---|---|---|---|
| 主語 (ne) + | me<br>te<br>nous<br>vous | le<br>la<br>les | lui<br>leur | + y + en + | 動詞 (pas) |

平叙文では，左から「第 1, 2 人称（間接目的）→第 3 人称（直接→間接）」．
この語順のみ可能で，逆行はできない（× le me）．1, 2 人称 me, te, nous, vous（最も左）は他の目的語代名詞とともに用いるときは常に間接目的となる．組合せは隣り合う「間接＋直接」，「直接＋間接」のみが可能．中性代名詞 y, en（最も右）はこの順に 2 つ同時使用可能．

肯定命令文　《動詞 – 直接目的語 – 間接目的語 – y – en》
Donnez-**le-moi**.（それを私に下さい）
me, te はそれぞれ強調代名詞 moi, toi となる．
ただし，-m'en, -t'en.
Donnez-**m'en** un.（一つください）
否定命令文では，平叙の否定文と同じ語順となる．
Ne **le lui** donne pas.（それを彼にやるな）

| 動詞 + | le<br>la<br>les | + | moi [m']<br>toi [t']<br>lui<br>nous<br>vous<br>leur | + y + en |
|---|---|---|---|---|

# Leçon 7

何をしているのですか？

① Qu'est-ce qu'il fait ?

② —Il cherche son chat.

③ Comment allez-vous ?

④ —Je vais très bien, merci.

⑤ Ça coûte combien ? 100 euros ?

⑥ —Non, c'est plus cher !

## 1. 部分疑問文 qui「誰」, que〔quoi〕「何」

|  | 平叙疑問文 | est-ce que〔強調〕疑問文 | 倒置疑問文 |
|---|---|---|---|
| 誰が | **Qui** vient ?<br>誰が来るの？ | **Qui** est-ce **qui** vient ? |  |
| 誰を | Elle attend **qui** ?<br>彼女は誰を待っている？ | **Qui** est-ce **qu'** elle attend ? | **Qui** attend-elle ? |
|  | Léa attend **qui** ? | **Qui** est-ce **que** Léa attend ? | **Qui** Léa attend-elle ? |
| 誰だ | Vous êtes **qui** ?<br>あなたは誰？ | **Qui** est-ce **que** vous êtes ? | **Qui** êtes-vous ? |

|  | 平叙疑問文 | est-ce que〔強調〕疑問文 | 倒置疑問文 |
|---|---|---|---|
| 何が |  | **Qu'est-ce qui** arrive ?<br>何が起こっているの？ |  |
| 何を | Il fait **quoi** ?<br>彼は何をしているの？ | **Qu'**est-ce **qu'** il fait ? | **Que** fait-il ? |
|  | Théo fait **quoi** ? | **Qu'**est-ce **que** Théo fait ? | **Que** fait Théo ?（単純倒置）<br>×Que Théo fait-il ? |
| 何だ | C'est **quoi** ?<br>それは何？ | **Qu'**est-ce **que** c'est ? | **Qu'est-ce** ?（やや古） |

## 2. 前置詞＋qui「誰」, quoi「何」

| Tu parles **de qui** ?<br>君は誰のことを話している？ | **De qui** est-ce **que** tu parles ? | **De qui** parles-tu ?<br>※ parler de 〜について話す |
|---|---|---|
| Il pense **à quoi** ?<br>彼は何のことを考えている？ | **A quoi** est-ce **qu'**il pense ? | **A quoi** pense-t-il ?<br>※ penser à 〜のことを思う |

### Exercices

**1.** 日本語に合わせて，適切な語を入れよう．

1) 誰が歌いますか？　　　　　　　　　Qui (　　　　　　　　) chante ?
2) 彼は誰を探していますか？　　　　　Il cherche (　　　　) ?
3) 彼は誰を探していますか？　　　　　(　　　　　　　) qu'il cherche ?
4) 誰ですか？　　　　　　　　　　　　(　　　　　　) est-ce ?
5) クリスチアンは何をしていますか？　Christian fait (　　　　) ?
6) お仕事は何ですか？　　　　　　　　(　　　　　　　) vous faites dans la vie ?
7) それは何ですか？　　　　　　　　　(　　　　　　　) c'est ?

**2.** 指示に従い，適切な語を入れよう．

「彼は誰に電話をしているのですか？」(téléphoner à qn. 〜に電話をする)

1) 強調疑問文に　　À qui (　　　　　　　)'il téléphone ?
2) 倒置疑問文に　　À qui téléphone-(　　　)-(　　　) ?

# Leçon 7

**39** **3.** 疑問形容詞 quel「どんな〜？」「〜は何？」

|   | 男 | 女 |
|---|---|---|
| 単 | quel | quelle |
| 複 | quels | quelles |

*Quel* jour sommes-nous ? – Nous sommes jeudi.
今日は何曜日ですか？―木曜です．

*Quelle* est votre spécialité ? – Je fais de la psychologie.
あなたの専門は？　―心理学です．

**4.** 疑問副詞

**où**（どこ），**quand**（いつ），**comment**（どのように），**pourquoi**（なぜ），**combien**（いくら・どのくらい），
**combien de** ＋名詞（どのくらいの〜）

　　*Quand* est-ce qu'elle arrive ?　　彼女はいつ着きますか？
　　*Comment* allez-vous ?　　　　　　ごきげんいかがですか？
　　*Pourquoi* pleure-t-il ?　　　　　　彼はなぜ泣いているのですか？
　　*Combien de* langues parlez-vous ?　何カ国語を話しますか？

**5.** 比較級構文：《 plus 〜 que 比較対象》

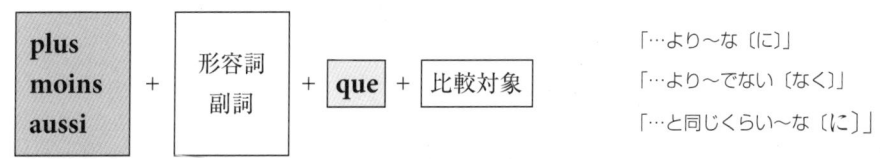

| plus<br>moins<br>aussi | ＋ | 形容詞<br>副詞 | ＋ | que | ＋ | 比較対象 |

「…より〜な〔に〕」
「…より〜でない〔なく〕」
「…と同じくらい〜な〔に〕」

Ce sac-ci est *plus* chic *que* ce sac-là.　こちらのカバンの方があちらよりもしゃれている．

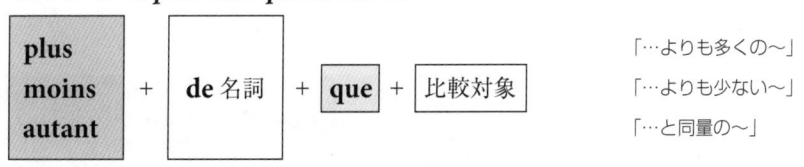

| plus<br>moins<br>autant | ＋ | de 名詞 | ＋ | que | ＋ | 比較対象 |

「…よりも多くの〜」
「…よりも少ない〜」
「…と同量の〜」

Ici, on a *moins de* lumière *que* là.　ここはあそこより光が少ない．

## Exercices

**3.** 日本語に合わせて，適切な語を入れよう．
　1) おいくつ（何才）ですか？　　　（　　　　　　）âge avez-vous ?
　2) どの色がいいですか？　　　Vous préférez (　　　　　　) couleur ?
　3) 住所はどちらですか？　　　　（　　　　　　）est votre adresse ?
　4) お名前は何ですか？　　　　　（　　　　　　）vous appelez-vous ?
　5) おいくらですか？　　　Ça fait (　　　　　　)?

**4.** フランス語にしよう．
　1) ジャンは彼の兄 (son frère) より背が高い (grand).
　　→
　2) 彼は私と同じくらいの CD (autant de CD) を持っている．
　　→

33

## 40 Le manga et la France

*I :* *Combien de mangas as-tu traduit* ?*

*L :* Plus d'une centaine de volumes. Je traduis autant de genres fantastiques qu'historiques.

*I :* *Qu'est-ce que tu préfères et pourquoi ?* (À suivre)

*as-tu traduit 過去形（→ Leçon 8 複合過去形）

## 41 Tu connais ce truc ?

« LE FOOT LE SAMEDI !* »（「サッカーは土曜日に！」）

フランスでもサッカーは大人気．若きスター候補が活躍しています．

Le football est plus populaire que les autres sports en France. Beaucoup de gens foncent** aux stades le week-end. En Ligue 1, vingt clubs concourent. De jeunes joueurs rêvent tous les jours d'être une future star. C'est intéressant de les découvrir, non ?

* « LE FOOT LE SAMEDI ! » Ligue2（二部リーグ）の試合でサポーターが掲げたメッセージ
** < foncer「急いで行く、詰めかける」

★ちょこっと解説★
「サッカーは土曜日に！」 二部リーグは，時々日曜日や金曜日開催を余儀なくされます．表題は，彼らのサポーターが発した抗議のメッセージです．サッカーを見るならやっぱり週末（土曜日）が一番！

### 文法補足

**疑問代名詞 lequel**（←《定冠詞 + quel》）
「（～のうちの）どれ・どちら？」

lequel（+ de 名詞）？
　**Lequel** *des deux films* préférez-vous ？ ２つの映画のどちらが好きですか？

前置詞 + lequel（→ auquel, auxquel(le)s, duquel, desquel(le)s, avec lesquel(le)s, ...）
　**Duquel** *de tes amis* parles-tu ？ 君のどの友人について話しているの？

# Leçon 8

きのう宿題をしました．

**1** Il fait ses devoirs maintenant.

**2** Elle a fait ses devoirs hier.

**3** Marie est là ?

**4** —Non, elle est sortie ce matin.

**5** Elle est aimée de tout le monde ?

**6** —Oui, on l'aime beaucoup.

## 1. 直説法複合過去形「～した」

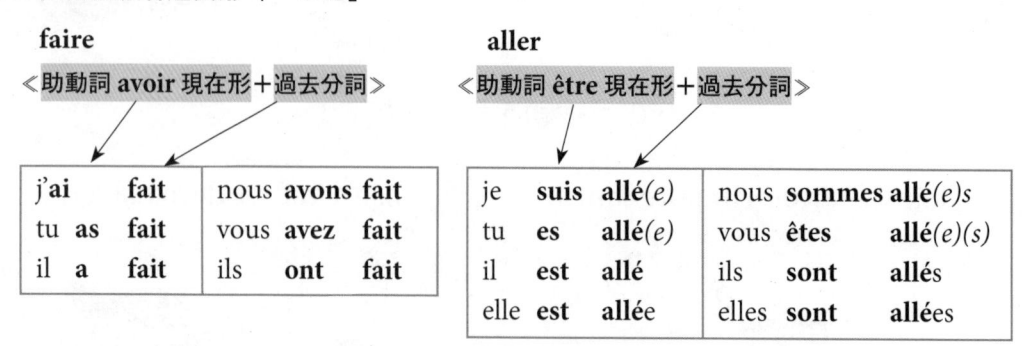

**faire**
＜助動詞 avoir 現在形＋過去分詞＞

| j'ai fait | nous avons fait |
|---|---|
| tu as fait | vous avez fait |
| il a fait | ils ont fait |

**aller**
＜助動詞 être 現在形＋過去分詞＞

| je suis allé(e) | nous sommes allé(e)s |
|---|---|
| tu es allé(e) | vous êtes allé(e)(s) |
| il est allé | ils sont allés |
| elle est allée | elles sont allées |

助動詞 **avoir** をとる動詞：他動詞すべて，および自動詞のほとんど．
　　avoir, être, faire, voir, rencontrer, prendre, habiter, déménager, marcher など．

助動詞 **être** をとる動詞：一部の自動詞（↓）と，すべての代名動詞（→ *cf.* L.10）．
　　aller, venir, rentrer, rester, partir, arriver, entrer, tomber, devenir, naître, mourir など．
　　自動詞の過去分詞は主語の性・数に一致する．（女性形 **-e**，複数形 **-s**．女性複数形 **-es**．）

Il *a* déjà *fait* ses devoirs.　　　　彼はもう宿題をした．
Elle *est sortie* ce matin.　　　　　彼女は今朝外出した．
Je *n'ai pas mangé* ton gâteau.（否定）　私は君のお菓子を食べていない．
*Avez*-vous *vu* Marie ?（倒置疑問）　マリに会いましたか？

過去分詞語尾の形（-er 動詞，-ir 動詞では不定形から語尾 -r をとって作るのが原則）
-**er** 動詞　→ -**é**（語尾 -er を -é に．例外なし）：parler → parl**é**, aller → all**é**
-**ir** 動詞　→ -**i**：finir → fini　　-**u**：venir → ven**u**　　-**rt**：ouvrir → ouver**t**, mourir → mor**t**
-**oir** 動詞　→ -**u** (-**û**)：avoir → e**u**, pouvoir → p**u**, voir → v**u**, devoir → d**û**
-**re** 動詞　→ -**u**：boire → b**u**　　-**is**：prendre → pr**is**　　-**it**：dire → d**it**　(-**é**：être → ét**é**)

### Exercices

**1.** 辞書で過去分詞形を確認しよう．
　1) connaître　→（　　　　　）　2) être　→（　　　　　）
　3) mourir　→（　　　　　）　4) venir　→（　　　　　）

**2.** 複合過去形にしよう．
　1) Ils font leurs devoirs maintenant.　→ Ils（　　　）（　　　　）leurs devoirs hier.
　2) Je t'aime beaucoup.　→ Je t'（　　　　）beaucoup（　　　　）．
　3) Il vient de New York.　→ Il（　　　）（　　　）de New York.

## 2. 受動態構文「～される」:

《主語＋ être ＋過去分詞＋ par〔de〕＋行為主体》

Ce roman *est lu par* beaucoup de gens.　この小説は多くの人によって読まれている．

Ce livre *a été lu par* beaucoup de gens.　この本は多くの人々に読まれた．（過去）

Ces stars *sont aimées de* tout le monde.　それらのスター達は皆から愛されている．

## 3. 最上級構文：《 le plus ～ de〔à, dans〕比較枠 》

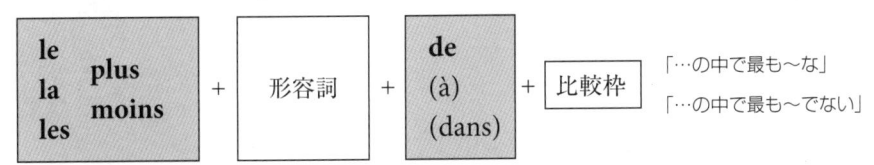

| le / la / les | plus / moins | ＋ | 形容詞 | ＋ | de (à) (dans) | ＋ | 比較枠 |

「…の中で最も～な」
「…の中で最も～でない」

Le mont Fuji est *la plus* haute montagne *du* Japon.　富士山は日本で最も高い山だ．

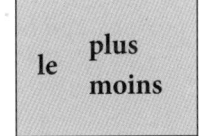

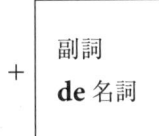

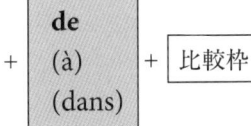

| le | plus / moins | ＋ | 副詞 de 名詞 | ＋ | de (à) (dans) | ＋ | 比較枠 |

Elle court *le moins vite de* notre classe.　クラスで，彼女は一番足が遅い．

## 4. 特殊な比較級・最上級

C'est *la meilleure* élève.
それ〔彼女〕は一番できる生徒だ．

Ça va *mieux qu'*hier.
昨日よりよくなっている．

|  | 比較級 | 最上級 |
|---|---|---|
| bon よい | **meilleur**(e) | **le**(la) **meilleur**(e) |
| mauvais 悪い | **pire** | **le**(la) **pire** |
| beaucoup 多く | **plus** | **le plus** |
| bien よく | **mieux** | **le mieux** |

### Exercices

**3.** 受動文にしよう．

1) On arrête ce voleur.　　　→ Ce voleur (　　　) (　　　).
2) Les Français aiment le football. → Le football (　　　) (　　　) des Français.

**4.** 次の形容詞を用いて、最上級の文にしよう．

1) beau　　Quelle est (　　　) (　　　) (　　　) ville du monde ?
2) bien　　Il travaille bien. → Il travaille (　　　) (　　　).
3) haut　　Le Mont Blanc est la montagne (　　　) (　　　) (　　　) d'Europe.
4) mauvais　C'est (　　　) (　　　) cuisine du monde.

**45** Le manga et la France

I : *Quel est le meilleur manga pour toi ?*

L : *Jin reste le plus passionnant. J'ai aussi traduit GANTZ et Ichi the Killer.*

I : *Quasiment tous ces mangas sont simultanément présentés en France. C'est cool !*

L : *Mais Jin a été le plus difficile de tous les mangas.*

I : *Pourquoi ? (À suivre)*

**46** Tu connais ce truc ?

### Buvard （ビュヴァール）

かわいい絵のついた宣伝が今やコレクション・アイテムに．

LE CAFÉ MARTIN

Votre table est toujours conquise par ses célèbres qualités.

Buvard [byvaʀ] *n.m.* : Le papier buvard (ou plus simplement le buvard) est un papier capable de boire l'encre. De grandes marques comme *Le Café Martin*, *La Vache qui rit** et *Bic*** ont édité des séries de buvards publicitaires.

*La Vache qui rit：100 年以上前に創業されたフランスのチーズメーカー．
**Bic：1945 年創業の文具メーカー．Bic はボールペンの代名詞となった．

### 文法補足

**直接目的語と過去分詞の一致**

　助動詞 avoir をとる複合過去形において，直接目的語が代名詞になって動詞の前に出ると，その直接目的語の性・数に過去分詞が一致する．

　　Il **a écrit *ces lettres*** hier.　　彼はこれらの手紙を昨日書いた．

　→ Il ***les*** a écrit**es** hier.　　彼はそれらを昨日書いた．

**その他の場合：**

平叙疑問文　Il a écrit combien de lettres ?　彼は何通の手紙を書いたのか？
倒置疑問文　Combien de **lettres** a-t-il écrit**es** ?

# Leçon 9

昨日は天気が悪かった.

47

**1** Il fait beau aujourd'hui ?

**2** —Oui, il fait très beau.

**3** Il faisait beau hier ?

**4** —Non, il faisait mauvais hier.

**5** Hier, j'allais très mal.

**6** Mais aujourd'hui, je vais mieux.

## 1. 直説法半過去形「～していた」

Ce matin, elle *allait* très mal. Maintenant elle va mieux.
けさ彼女は体調がとても悪かった．今はよくなった．（過去の状況説明）

Dans notre enfance, nous *passions* tous les jours ce pont pour aller à l'école.
子どものころ，学校に行くために私たちは毎日この橋を渡っていた．（過去の反復・習慣）

Si on *allait* au café ? カフェに行かない？（語調緩和→現在の勧誘）

作り方：《 現在形 nous の語幹 ＋ 語尾 (-ais, -ais, -ait, -ions, -iez, -aient) 》

**aller** — 現在形 nous **all**ons

| | |
|---|---|
| j' | all*ais* |
| tu | all*ais* |
| il | all*ait* |
| nous | all*ions* |
| vous | all*iez* |
| ils | all*aient* |

**faire** — nous **fais**ons

| | |
|---|---|
| je | fais*ais* |
| tu | fais*ais* |
| il | fais*ait* |
| nous | fais*ions* |
| vous | fais*iez* |
| ils | fais*aient* |

**avoir** — nous **av**ons

| | |
|---|---|
| j' | av*ais* |
| tu | av*ais* |
| il | av*ait* |
| nous | av*ions* |
| vous | av*iez* |
| ils | av*aient* |

**être**（語幹例外 ét-） — nous sommes

| | |
|---|---|
| j' | ét*ais* |
| tu | ét*ais* |
| il | ét*ait* |
| nous | ét*ions* |
| vous | ét*iez* |
| ils | ét*aient* |

## 2. 非人称構文：《 非人称主語 il ＋動詞 》

**Il pleut**. 雨が降っている．　　**Il neige**. 雪が降っている．
**Il fait** beau. いい天気だ．　　**Il fait** mauvais. 天気が悪い．
**Il faut** dire la vérité. 本当のことを言わなければならない．
**Il est** six heures et demie. 6時半だ．
**Il y a** un problème. 問題がある．　　**Il n'y a pas *de*** problème. 問題がない．

### Exercices

**1.** 動詞を半過去形にしよう．

1) aller / être　Il (　　　) souvent au cinéma avec ses parents quand il (　　　) petit.
2) faire　Si on (　　　) du foot ensemble ?
3) regarder　Je (　　　) la télévision quand il est venu chez moi.

**2.** フランス語にしよう．

1) パリは今日いい天気です．
　→
2) 宿題 (vos devoirs) を終わらせなければなりません．
　→

## 3. 直説法大過去形

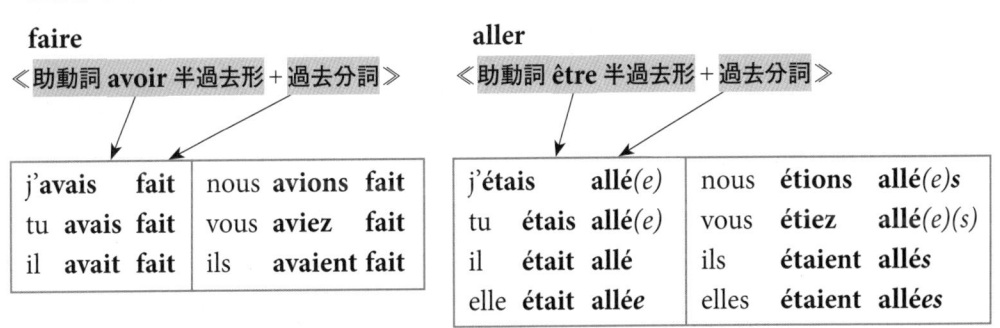

**faire**
《助動詞 avoir 半過去形 + 過去分詞》

| j'avais fait | nous avions fait |
| tu avais fait | vous aviez fait |
| il avait fait | ils avaient fait |

**aller**
《助動詞 être 半過去形 + 過去分詞》

| j'étais allé(e) | nous étions allé(e)s |
| tu étais allé(e) | vous étiez allé(e)(s) |
| il était allé | ils étaient allés |
| elle était allée | elles étaient allées |

● 複合過去形と同様，助動詞 être をとる自動詞の場合，過去分詞は主語の性・数に一致する．　　（↑）

過去のある時より前に生じたできごと・行為を表す．過去完了．

À〔Avant〕8 heures, nous *avions fini* de dîner.
8時（まで）には，われわれは夕食を終えていた．（過去時点以前にすでに終了・完了した事柄）

Quand j'ai terminé mon travail, tout le monde *était* déjà *parti*.
仕事を終えたとき，皆はすでに出て行った後だった．（過去の行為とそれ以前のことがら）

Il savait que *j'avais réussi* à l'examen.
私が合格したことを彼は知っていた．（過去のことがらとその前提となる事実）

## 4. 非人称形容詞構文：　《 il est ＋形容詞＋ de 不定詞》

Il est *difficile* de savoir la vérité.　真実を知ることは難しい．
Il est *intéressant* de faire la cuisine.　料理をするのはおもしろい．

### Exercices

**3.** 動詞を大過去形にしよう．
1) écrire : Il m'(　　　　)(　　　　　　) avant de partir en France.
2) partir : Quand nous sommes arrivés à la gare, le train (　　　　) déjà (　　　　　　).

**4.** 日本語に合わせて，並べかえよう．
1) 外を散歩するのは心地よい．(se promener / de / agréable / Il est / en plein air).
　→
2) 外国語を学ぶのは難しい．(difficile / apprendre / d' / Il est / une langue étrangère).
　→

### Le manga et la France

**50**

I : *On parlait de Jin.*

L : *Oui. Quand j'ai traduit Jin, je ne connaissais pas les termes techniques. Il m'a fallu du temps, de l'énergie et de la patience.*

I : *C'est vraiment compliqué de comprendre les termes médicaux.* (À suivre)

### Tu connais ce truc ?

**51**

**La télévision en France**（フランスのテレビ放送）

朝は日本と同じくニュースにワイドショー．でも夜は……．

Il y a des chaînes publiques et privées en France. Le matin, les gens regardent des émissions matinales comme « Télématin »*. Le soir, la programmation est très variée. Il y a par exemple le « Mot de passe »** auquel*** les spectateurs participent. On voit souvent des débats politiques et littéraires le soir.

　*« Télématin »：「テレビ télévision」と「朝 matin」の合成語．フランス 2 が放送する朝のワイドショー．
　**« Mot de passe »：「パスワード」．土曜夜のクイズ番組のタイトル．
***auquel「それに」（→ cf. Leçon 12 関係代名詞）

**52**

★表現：時刻の言い方★　　à 数 heure(s)　「〜時に」

| | | | |
|---|---|---|---|
| 1 時に | à une heure | （午前）3 時に | à trois **heures** (du matin) |
| 6 時 10 分に | à six heures **dix** | 7 時 10 分前に | à sept heures **moins dix** |
| 9 時 15 分に | à neuf heures **et quart** | 10 時 15 分前に | à dix heures **moins le quart** |
| 11 時 30 分に | à onze heures **et demie** | 正午に | à midi |
| | | （夜中）12 時に | à minuit |

何時ですか？ **Quelle heure est-il ?** [Vous avez l'heure ?] - **Il est** midi. 正午です．
　　　　　　●**Il est** の後に à は不要．Il est une heure dix.　1 時 10 分です．（→非人称表現 p.40）

### 文法補足

**複合過去形と半過去形**

複合過去形：現在から見て，過去の一時点のでき事として述べる時制．
半過去形：過去に視点を置き，眼前に広がる状況として述べる時制．

　　　　　　　　　過去　　　　現在
（大過去形）　複合過去形 ←┄┄┄ ☺
　──┼─────┼──────┼──→
　　　　　　半過去形

**53**

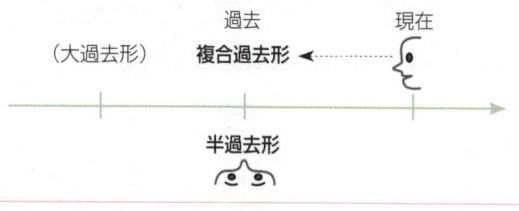

★非人称構文を使った天候表現★

**Quel temps fait-il ?** [Il fait quel temps ?]　どんな天気ですか？
**Il fait** beau [mauvais].　いい〔悪い〕天気だ．
**Il fait** chaud [doux, froid, frais, humide, nuageux, 30 degrés].
　暑い〔暖かい，寒い，ひんやりする，多湿だ，曇りがちだ，30 度だ〕．
**Il y a** du vent [du tonnerre].　風がある〔雷が鳴っている〕．

# Leçon 10

朝起きるの早いですか？

54

① Vous vous appelez comment ?

② —Je m'appelle Jeanne.

③ Ça s'écrit comment ?

④ —J, E, A, N, N, E.

⑤ Vous vous levez tôt le matin ?

⑥ —Oui, je me lève tôt.

## 1. 代名動詞の直説法現在形

Je *me regarde* dans la glace.　　自分を鏡で見る。（再帰的意味）
Tu *te souviens de* Marie ?　　マリのことを覚えている？（本来的・慣用的用法）
Ils *se disent* bonjour.　　彼らはあいさつをかわす。（相互的意味）
Ça *s'écrit* comment ?　　それはどうつづられますか？（受動的意味）

作り方：　≪ 再帰代名詞 se〔me, te, nous, vous〕＋ 動詞現在形 ≫

**se lever**（起きる←自分を起こす）　　　　　　　　　　　cf. lever（起こす）

| je | me | lève |
|---|---|---|
| tu | te | lèves |
| il | se | lève |
| nous | nous | levons |
| vous | vous | levez |
| ils | se | lèvent |

Je *me lève* à huit heures.
私は8時に起きる。

Vous *vous levez* à quelle heure ?
あなたは何時に起きる？

| je | lève |
|---|---|
| tu | lèves |
| il | lève |
| nous | levons |
| nous | levez |
| ils | lèvent |

**s'appeler**（〜という名である←自分を呼ぶ）　　　　　　cf. appeler（呼ぶ）

| je | m'appelle |
|---|---|
| tu | t'appelles |
| il | s'appelle |
| nous | nous appelons |
| vous | vous appelez |
| ils | s'appellent |

Je *m'appelle* Emi.
私の名前はエミです。

Vous *vous appelez* comment ?
あなたのお名前は？

| j' | appelle |
|---|---|
| tu | appelles |
| il | appelle |
| nous | appelons |
| vous | appelez |
| ils | appellent |

代名動詞の否定文：　　Je *ne me lève pas* très tôt.　　あまり早く起きない。
代名動詞の命令文：　　*Lève-toi* !　　起きなさい。（*cf.* p.30 文法補足）
代名動詞の否定命令文：　*Ne* te lève *pas* !　　起きるな。
代名動詞の倒置疑問文：　*Te lèves-tu* tôt ?　　君は早く起きる？
　　　　　　　　　　　Théo *se lève-t-il* tôt ?　　テオは早く起きる？

### Exercices

**1.** 説明をヒントにして、日本語に訳そう．

1) Cette voiture se vend bien.（受動的用法）
_____

2) Roméo et Juliette s'aiment à la folie.（相互的用法）
_____

**2.** 代名動詞を用いて、自分や家族について話そう．

1) s'appeler　　　Je (　　　　　) <u>自分の名前</u>, enchanté(e) !
2) se lever　　　J'ai une sœur. Elle (　　　) (　　　　　) très tôt le matin.
3) se souvenir de　J'aime le cinéma. Je (　　　) (　　　　　) bien de <u>題名</u>.

[ 題名の例：*la Guerre des étoiles*（スター・ウォーズ）/ *Alien*（エイリアン）/ *Le Fabuleux destin d'Amélie Poulain*（アメリ）/ *Les Demoiselles de Rochefort*（ロシュフォールの恋人たち）, *etc*.]

## 2. 代名動詞の直説法複合過去形

≪ 再帰代名詞 se ＋助動詞 être ＋過去分詞 ≫

**se lever**

| je | me | suis | levé(e) |
| tu | t'es | | levé(e) |
| il | s'est | | levé |
| elle | s'est | | levée |
| nous | nous | sommes | levé(e)s |
| vous | vous | êtes | levé(e)(s) |
| ils | se | sont | levés |
| elles | se | sont | levées |

Hier, je *me suis levé(e)* à six heures.
昨日は6時に起きた．（助動詞は常に être．）

Il *ne s'est pas levé* si tôt.
彼はそれほど早く起きなかった．

*S'est-il levé* tard ? 彼は遅く起きた？
*Vous êtes-vous levé(e)(s)* tôt ?
あなた（たち）は早く起きましたか？

## 3. 代名動詞の過去分詞の一致

直接目的代名詞 se の性・数に一致する．se が間接目的の場合は一致を生じない．

se 直接目的：Elle **se** lave. 自分（の体）を洗う → Elle **s'est lavée**. (lavée は se に一致．)

se 間接目的：Elle **se** lave **le visage**. 顔を洗う → Elle **s'est lavé** le visage.
　　　　　　　　（le visage が直接目的）　　　　　（lavé は一致なし．）

### Exercices

**3.** 命令形にしよう．
1) Tu te soignes bien.　→ (　　　　　)-(　　　　) bien !
2) Nous nous revoyons un jour.　→ (　　　　)-(　　　　) un jour !
3) Vous ne vous trompez pas de jour. → Ne (　　　) (　　　　　) pas de jour !

**4.** 適切なものを選ぼう．
1) Elle s'est ( lavé / lavée ) les mains.
2) Marie s'est ( levé / levée ) à midi.
3) Ils se sont ( écrits / écrit ) des lettres.

**5.** フランス語にしよう．
1) 明日は6時に起きよう．
　→
2) 君の名前は？
　→
3) 彼は電話番号 (numéro) を間違えた．
　→

**57** **Le manga et la France**

L : Je m'amuse beaucoup à traduire *GANTZ*.

I : *GANTZ*, qu'est-ce que c'est ?

L : Voici l'histoire : « Deux amis se font écraser dans le métro. Ils se retrouvent soudain dans un étrange appartement. Une mystérieuse sphère noire apparaît (c'est GANTZ) et leur dit d'éliminer des êtres surpuissants* ». Ce manga s'est beaucoup vendu. (À suivre)

*les êtres surpuissants 「非常に強力な生き物」の意。原作では「星人」とされている。

**58** **Tu connais ce truc ?**

**Les « mangeurs de grenouilles »** (「カエルを喰う人々」)

カタツムリやカエルって食べられるの？

Deux spécialités françaises sont : les escargots et les cuisses de grenouille.

Les escargots se ramassent en forêt ou bien se reproduisent dans des élevages. Ils se caractérisent par leur chair tendre et fondante.

Les « mangeurs de grenouilles* » : les Anglais appellent ainsi les Français.

*mangeur de grenouilles 英語圏の人がフランス人をからかう時に用いる表現．他方，「食事をするときにワインでなく水を飲むのはカエルとイギリス人だけだ」と言うフランス人もいるらしい．

# Leçon 11

彼らをどう思う？

**59**

**1** Tu les trouves comment ?

**2** — Je les trouve drôles.

**3** Tu es sérieuse ?

**4** — Oui, je le suis.

**5** Il fait rire Anne.

**6** Il laisse Marie rire.

**1. 文：《主語 + 動詞 + 直接目的語 + 属詞》**（※この構文を作る動詞→ *cf.* p. 50 文法補足）

  Je trouve <u>Jean</u>   <u>gentil</u>.    私は ジャンを 親切だと 思う．
  Je crois  <u>Jeanne</u>   <u>gentille</u>.   私は ジャンヌを 親切だと 思う．
  Je sais   <u>ces gens</u> <u>très gentils</u>.  私は これらの人々を とても親切だと 知っている．
  《目的語と属詞》は性・数の一致をする．

  Tu <u>les</u> trouves <u>comment</u> ?    君は 彼らを どう 思う？
  Je <u>les</u> trouve <u>sympathiques</u>.   私は 彼らを 感じがいいと 思う．
  Je <u>les</u> ai trouvés <u>drôles</u>.     私は 彼らを おもしろいと 思った．
  複合過去形にすると，前に出た目的語と過去分詞にも一致が生じる．

**2. que 節文：《主語 + 動詞 + que + 主語 + 動詞》**

  Je *trouve* **que** <u>Jean</u> *est* <u>sympathique</u>.   (← Je trouve <u>Jean</u> <u>sympathique</u>.)
  J'ai *trouvé* **que** <u>Jean</u> *était* <u>sympathique</u>.  (← J'ai trouvé <u>Jean</u> <u>sympathique</u>.)
  Il *pense* **que** <u>Léa</u> <u>fait bien la cuisine</u>.   彼はレアが料理上手だと思う．

**3. 中性代名詞 le**

文や節，形容詞，抽象的なことがらなどをうける直接目的代名詞．不変．

  Vous êtes *mariée* ? — Oui, je **le** suis. (le = mariée)
   あなたは結婚していますか？ーはい，しています．（女性形はない．×<s>Je la suis.</s>）

  Il sait *que Léa ne fait pas la cuisine* ? — Oui, il **le** sait. (le = qu'elle ne la fait pas)
   彼はレアが料理をしないことを知っているの？ ー はい，それは知っています．

## Exercices

**1.** 日本語に合わせて、選択肢から選んで入れよう．

   [ gentils / intelligente / intéressants / sympa(thique) ]

 1) 私はこれらの映画を興味深いと思う． Je trouve ces films très (    ).
 2) 君は彼らをやさしいと思いますか？  Tu les trouves (    )?
 3) 彼はジャンヌが頭がいいと思っている． Il croit Jeanne (    ).
 4) 私たちは彼が感じがいいと思う．   Nous le trouvons (    ).

**2.** 下線部を代名詞に置きかえて、答えよう．

 1) Vous savez <u>qu'il est malade</u> ? — Non, je ne (   ) savais pas.
 2) Tu étais <u>malade</u> hier ? — Oui, je (   ) étais.

**3.** 日本語に合わせて、適切な語を入れよう．

 1) 私はジュリアンがクレールを愛していると思う． Je (   ) que Julien (   ) Claire.
 2) ピエールは彼女をかわいいと思った．    Pierre (   ) a trouvée mignonne.

## Leçon 11

**61** **4. 不定詞文 2：**　　　《主語 + 動詞 + 目的語 + 不定詞》
　　　　　　　　　　　または《主語 + 動詞 + 不定詞 + 目的語》

目的語は不定詞の主語．すなわち《主語 + 動詞》の関係

《**faire** + 不定詞》：使役「〜させる」．ひとかたまりの1語（合成語）とみなす．

　　Il a fait rire **Anne**.　　彼はアンヌを笑わせた．　　× Il a fait Anne rire.
　→ Il **l'**a fait rire.　　彼は**彼女**を笑わせた．（l' = Anne）　●過去分詞の一致はない．

　　Il a fait fermer *la porte* par Anne〔à Anne〕．　彼はアンヌに戸を閉めさせた．
　→ Il **lui** a fait fermer *la porte*.　　彼は**彼女**に戸を閉めさせた．

《**laisser** + 不定詞》：放任「〜させておく」

　　Il a laissé **Marie** chanter. Il a laissé chanter **Marie**.　彼はマリに歌わせておいた．
　　→ Il **l'**a laiss**ée** chanter.　彼は**彼女**に歌わせておいた．（l' = Marie）●過去分詞が一致する．

　　Il a laissé **Marie** lire *des mangas*. → Il **l'**a laiss**ée** lire *des mangas*.
　　　彼はマリに漫画を読ませておいた．
　= Il a laissé lire *des mangas* à Marie. → Il **lui** a laissé lire *des mangas*.

《**知覚動詞** + 不定詞》：知覚「〜するのを見る・聞く・感じる」
　　　　　　　　　　　　　　　　　　　　　●voir, regarder, entendre, écouter, sentir

　　Il a écouté **Marie** chanter. Il a écouté chanter **Marie**.　彼はマリが歌うのを聞いた．
　→ Il **l'**a écout**ée** chanter.　彼は**彼女**が歌うのを聞いた．（l' = Marie）●過去分詞が一致する．

### Exercices

**4.** 日本語に合わせて、並べかえよう．

1) 私はアンヌに勉強させた．[ fait / étudier / j'ai / Anne ].
　→

2) 彼はマリに窓を開けさせた．[ ouvrir / il a / la / fenêtre / fait / par Marie ].
　→

3) 両親は彼を庭で遊ばせておく．[ laissent/ jouer / ses parents / le / dans le jardin ].
　→

4) 私は彼女が歌うのを聞いた．[ écoutée / je / chanter / l'ai ].
　→

**5.** フランス語にしよう．

1) 私はポール (Paul) がサッカーをする (jouer au foot) のを見る (regarder).
　→

2) 彼にはマリ (Marie) が通りを (dans la rue) 走っていくのが見えた．
　→

## 62 Le manga et la France

L : Comment trouves-tu GANTZ ?
I : Ça me semble passionnant. Je suis passionnée des histoires mystérieuses.
L : Je le suis aussi.
I : Tu me fais découvrir beaucoup de nouvelles choses.
L : La série n'est pas finie. Je te laisse apprécier la suite. (À suivre)

## 63 Tu connais ce truc ?

### DAFT PUNK (ダフト・パンク)

変わったコスチュームで有名なふたり組，実はフランス人なんです。

Tu connais le groupe de musique électronique qui s'appelle DAFT PUNK ? C'est un duo de Français. Leur « One More Time » a été largement diffusé au Japon dans une publicité de SONY. Ils ont collaboré avec Reiji MATSUMOTO* pour des clips musicaux. Ils mettent toujours un casque futuriste**.

　*Reiji MATSUMOTO　松本零士．漫画家．アニメ好きとしても知られるダフト・パンクのPVに多くのキャラクターデザインを提供している．
　**casque futuriste「近未来を想わせるヘルメット」

### 文法補足

#### « Je trouve Jean sympathique. » のような文を構成する動詞

発言・知識・判断・評価・放任・好悪などを表すものに多い．

dire*（〜を…だと言う），nommer（〜を…に任命する），appeler（〜を…と呼ぶ），
　　Il appelle son fils Toto.　　　　　　彼は息子をトトと呼ぶ〔名づける〕．

savoir*（〜を…だと知っている），trouver*（〜を…だと[体験して]感じる），penser*（〜を…だと思う・考えている），croire*（〜を…だと思う・信じる），laisser（〜を…のままにしておく），rendre（〜を…にする），など．

　　On a laissé la porte ouverte.　　　　ドアを開け放った．
　　Ses chansons nous rendent heureux.　彼（女）の歌はわれわれを幸せにする．

aimer*（〜が…なのを好む），détester*（〜が…なのを嫌う），など．●好悪動詞は次のような言い方がふつう．
　　Les pâtes, je les aime molles.　　　パスタは柔らかいのが好きだ．

　*のついた動詞は，que節文も作れる．
　　Je sais que tu es sérieux.　　　　　私は君が本気〔まじめ〕だということを知っている．

# Leçon 12

## 私のよく知っている人

**1** l'homme qui pense bien

**2** l'homme qui ne pense pas bien

**3** Regardez la femme qui marche là-bas.

**4** — Qu'elle est belle !

**5** C'est moi qui fais la cuisine.

**6** Et c'est lui qui fait la vaisselle.

## 1. 関係文

関係節：《(先行名詞) + 関係代名詞 + 文》

  la personne **qui** parle français   フランス語を話す人（先行名詞は主語（人・もの））
  la personne **que** je connais bien   私のよく知っている人（先行名詞は直接目的語（人・もの））
  le lieu **où** il a rencontré Marie   彼がマリに会った場所（先行名詞を場所・空間表現とする）
  le jour **où** je suis né(e)   私が生まれた日（先行名詞を時間表現とする）
  le livre **dont** on parle beaucoup   人々が話題にしている本（先行名詞を「**de** + 名詞」とする）

関係節：《(先行名詞) + 前置詞 + 関係代名詞 + 文》

  le garçon **avec qui** Marie danse   マリが一緒に踊っている少年（先行詞は人のみ）
  la maison **d'où** il est sorti   （そこから）彼が出てきた家

関係節を含む文：

  Regardez la femme qui marche là-bas.   あそこを歩く（あの）女性をご覧なさい．
  Voici le livre dont on parle beaucoup.   これが皆が話題にしている本です．

## 2. 関係節：《(先行名詞) + 関係代名詞 **lequel** + 文》

Sur la table, il y avait un livre et *une revue*, ***laquelle*** était un peu jaunie.
机の上に本と雑誌があった．雑誌はちょっと黄ばんでいた．

Ce sont les problèmes ***auxquels*** nous devons penser.
これらは我々が考えなければならない問題だ．

| | 男 | 女 |
|---|---|---|
| 単 | lequel | laquelle |
| 複 | lesquels | lesquelles |

もの（まれに人）を先行詞とする．性・数の一致があるので，先行詞を明確にできる．前置詞と組み合わせて用いられる．**auquel, duquel, auxquel(le)s, desquel(le)s,...** (*cf.* p.34 疑問詞 lequel)

### Exercices

1. 適切なものを選ぼう．
 1) J'aime les filles ( qui / que ) font la grève.
 2) C'est le garçon ( qui / que ) toutes les Parisiennes aiment.
 3) Un garçon regarde une fille ( dont / qui ) il est amoureux.
 4) L'homme scie la branche ( laquelle / sur laquelle ) il est assis.
 5) Je cherche un pays ( dont / où ) il fait beau toute l'année.

## 3. 強調構文：《C'est 主語 qui 動詞》
《C'est 文の一部 que 主語 + 残りの部分》

J'ai préparé le dîner *hier soir*. 　　　　　　私はゆうべ夕食を作った.
→ **C'est** *moi* **qui** ai préparé le dîner hier soir.　ゆうべ夕食を作ったのは私だ.（主語を強調）
　**C'est** *hier soir* **que** j'ai préparé le dîner.　私が夕食を作ったのはゆうべだ.（時間表現を強調）

Elle cherche *ses lunettes*. 　　　　　　　　彼女はメガネをさがしている.
→ **Ce sont** *ses lunettes* **qu'**elle cherche.　彼女がさがしているのはメガネだ.（目的語を強調）

## 4. 感嘆文

| **Que** |
| **Qu'est-ce que** |  c'est beau !　　　　それはなんて美しいのだろう.
| **Ce que** |  （+ 文）
| **Comme** |

**Que de** neige !　　　　　　　　　なんと大量の雪だろう.
**Combien de** gens (il y a) !　　　　なんてたくさんの人（がいるの）だろう.
**Quel** (beau) temps (il fait) !　　　なんという（いい）天気なのだろう.
**Quelle** journée !　　　　　　　　なんとすばらしい〔ひどい〕一日だろう

### Exercices

**2.** 適切な語を入れて、下線部を強調した文にしよう.
1) J'adore <u>un parfum</u>.　　　　　→ C'est (　　　) (　　　) (　　　) j'adore.
2) <u>Tu</u> détestes ce parfum.　　　→ C'est (　　　) (　　　) détestes ce parfum.
3) <u>Cette image</u> me plaît beaucoup. → C'est (　　　) (　　　) (　　　) me plaît beaucoup.

**3.** 適切な語を入れて、感嘆文にしよう.
1)「なんとかわいらしい娘か」
　　Tu la connais ? (　　　) cette fille est mignonne !
2)「なんたる結果だ」
　　Tu as mis 10 ans pour dresser ce chat ? (　　　) résultat !

## 67 Le manga et la France

I : Qu'il est profond, le monde du manga !

L : Parmi les œuvres que j'ai traduites, il y a aussi le *Portrait de Petite Cosette* qui appartient au genre fantastique.

I : C'est un manga « gothique » dont on parlait dans la Leçon 3 ?

L : Oui. J'ai essayé de retranscrire la formulation du poème original.

(À suivre)

## 68 Tu connais ce truc ?

### Le cinéma comique à la française（フランス式お笑い映画）

フランス人はおバカ映画が大好き！

　Les Français adorent les films drôles. Il y a des scènes qui font rire. Dans la *Soupe aux choux*, on voit deux paysans dont les pets attirent un extra-terrestre. *Alexandre le Bienheureux* montre un homme qui ne pense qu'à manger, qu'à dormir et qu'à jouer du tuba. C'est son chien qui fait les courses pour lui. Quelles absurdités !

---

★ちょこっと解説★

　フランス映画といえば男女のシリアスな恋愛物ばかりで，オシャレでカッコいいけど，なんかちょっと暗い．そんなイメージを抱いている方に朗報です．フランス人はお笑い映画が大好き．フランス人なら誰もが見ている，下品でおバカな喜劇映画を発見してみてはいかがでしょうか．

# Leçon 13

将来何をする？

**1** Qu'est-ce que tu fais à la fac ?

**2** — Je fais de l'économie.

**3** Et qu'est-ce que tu feras plus tard ?

**4** — Je serai homme d'affaires.

**5** les enfants jouant au foot

**6** les enfants travaillant en classe

## 1. 直説法単純未来形

作り方：《語幹＝不定形 + avoir 現在形活用語尾 (-ai, -as, -a, -a̶v̶o̶n̶s̶, -a̶v̶e̶z̶, -ont)》

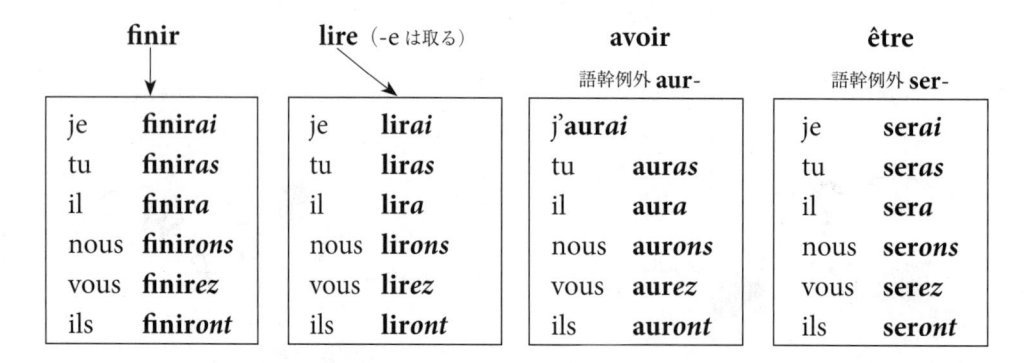

| finir | lire （-e は取る） | avoir 語幹例外 aur- | être 語幹例外 ser- |
|---|---|---|---|
| je finir*ai* | je lir*ai* | j'*aur*ai | je ser*ai* |
| tu finir*as* | tu lir*as* | tu *aur*as | tu ser*as* |
| il finir*a* | il lir*a* | il *aur*a | il ser*a* |
| nous finir*ons* | nous lir*ons* | nous *aur*ons | nous ser*ons* |
| vous finir*ez* | vous lir*ez* | vous *aur*ez | vous ser*ez* |
| ils finir*ont* | ils lir*ont* | ils *aur*ont | ils ser*ont* |

語幹の例外（*cf.* p.58 文法補足）：

| 不定形 | 語幹 | 活用 | |
|---|---|---|---|
| **aller** | ir- | j'irai | vous irez |
| **faire** | fer- | je ferai | vous ferez |
| **venir** | viendr- | je viendrai | vous viendrez |

Elle *finira* ses études en mars.　　彼女は３月に卒業する．（未来）
Je le *ferai* sûrement.　　　　　　　必ずそれをやります．（意志．１人称で．）
Il *sera* sans doute à la maison.　　彼はたぶん家でしょう．（推量．３人称で．）
Vous *reviendrez* demain.　　　　　　明日また来て下さい．（命令．２人称で．）

### Exercices

**1.** 動詞を未来形にしよう．

1) aller　　Sophie (　　　　) au Japon au printemps prochain.
2) être　　Il (　　　　) bien en forme dans deux jours.
3) finir　　Je (　　　　) ce travail avant minuit.
4) préparer　Je (　　　　) le dîner.
5) venir　　Tu (　　　　) avec moi.

**2.** フランス語にしよう．

1) 明日，パリはいい天気になるでしょう．
　→

2) 私は来年フランスに行きます．
　→

3) 明日，私に電話するんですよ．
　→

## 2. 現在分詞

les enfants **travaillant** (= les enfants *qui travaillent*)　　勉強している子ども達（同時・継続）

作り方：《直説法現在形 **nous** の語幹 + 語尾 **-ant**》

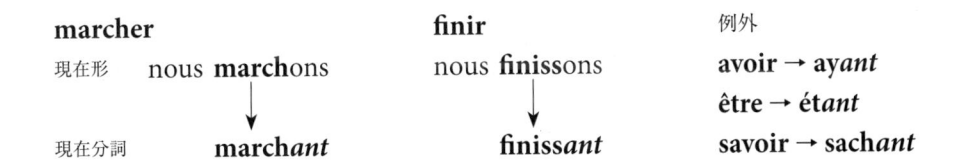

| marcher | finir | 例外 |
|---|---|---|
| 現在形　nous **march**ons | nous **finiss**ons | avoir → ay*ant* |
|  |  | être → ét*ant* |
| 現在分詞　**march***ant* | **finiss***ant* | savoir → sach*ant* |

現在分詞構文：

*Étant* enfant, Henri dort beaucoup.　　子どもなので，アンリはよく眠る．（理由）

## 3. ジェロンディフ

作り方：《**en** + 現在分詞》　*en* **marchant**

Elle téléphone **en marchant**.　　彼女は歩きながら電話をする．（同時）
Il a ri **en apprenant** la nouvelle.　　そのニュースを聞いて彼は笑った．（理由・原因）
**Tout en travaillant** bien, il ne réussit pas.　　よく勉強しているのに合格しない．（対立・譲歩）

## 4. 現在分詞とジェロンディフ

J'ai rencontré *un ami sortant* du magasin.　　私は，店から出てくる友達に会った．
*J'ai rencontré* un ami **en sortant** du magasin.　　私は店から出るときに，友達に会った．
現在分詞は形容詞として名詞にかかる．ジェロンディフは副詞として動詞にかかる．

### Exercices

**3.** 下線部を現在分詞にしよう．
1) J'ai filmé mes enfants <u>qui jouaient</u> avec le chat.
　→ J'ai filmé mes enfants (　　　　　) avec le chat.
2) Le professeur surveille ses étudiants <u>qui passent</u> l'examen dans la classe.
　→ Le professeur surveille ses étudiants (　　　　　) l'examen dans la classe.

**4.** 動詞をジェロンディフにしよう．
1) écouter　　Elle fait la cuisine (　　　　　) la radio.
2) savoir　　(　　　　　) qu'il l'aime, Marie a quitté son copain.

**5.** 日本語に訳そう．
1) J'ai filmé un ami marchant dans la rue.　　_____
2) Je téléphone à un ami en marchant dans la rue.　　_____

### Le manga et la France

**72**

I : Tu peux parler du métier de traducteur ?

L : Les mangas et les dessins animés japonais n'étant pas destinés qu'*aux enfants, j'espère que les éditeurs français continueront à publier de bons titres. Les parents restent encore sceptiques, mais proposer de bonnes œuvres fera partie du métier de traducteur... (À suivre)

*ne...pas que「〜だけではない」．この分詞構文では，現在分詞に主語がついている．「〜は…だけではないから」

### Tu connais ce truc ?

**73**

**Le vélo, c'est écolo ! Le Vélib'** (「チャリンコ，それはエコ！」ヴェリブ)

パリはいつも交通渋滞．そこでとってもエコな新（？）発明が登場しました．

À Paris, on sait bien que la circulation est pénible. Depuis 2007, on a un nouveau système de transport urbain : le Vélib'. Ce nouveau mot désigne aussi les vélos de ce système de location. Tu en prendras un, le rendras quand et où tu voudras, et ne paieras rien pendant la première demi-heure. Le vélo, c'est écolo !

### 文法補足

**未来形語幹の例外**

| 不定形 | 語幹 | 活用 | |
|---|---|---|---|
| voir | verr- | je verrai | vous verrez |
| savoir | saur- | je saurai | vous saurez |
| pouvoir | pourr- | je pourrai | vous pourrez |
| vouloir | voudr- | je voudrai | vous voudrez |
| devoir | devr- | je devrai | vous devrez |

# Leçon 14

…とは驚いた.

**1** Je voudrais parler à M. Petit.

**2** — Je suis désolée. Il n'est pas là.

**3** Pourriez-vous nous rappeler plus tard ?

**4** — Oui, d'accord.

**5** Qu'est-ce qu'il y a ?

**6** — Je suis étonnée qu'elle fasse la cuisine.

## 75  1. 条件法

Je *voudrais* parler à M. Petit. 　　　　　プチさんと話したいのですが．（語調緩和）
*Pourriez*-vous me rappeler plus tard ? 　後で電話いただけませんか．（緩和→丁寧な依頼表現）
Il y *aurait* des blessés. 　　　　　　　　けが人がいるそうだ．（現在に関する伝聞・推定）
Elle m'a dit qu'il *partirait* le 4. 　　　　彼が4日に出発すると彼女は言った．（過去から見た未来）
Si tu *avais* plus de patience, tu *réussirais*.
　　もし君にもっと忍耐力があったら成功するのだが．（現在に関する想像）

作り方：《**語幹＝不定形 + 半過去形活用語尾** (-ais, -ais, -ait, -ions, -iez, -aient)》

（語幹は未来形と同じ）

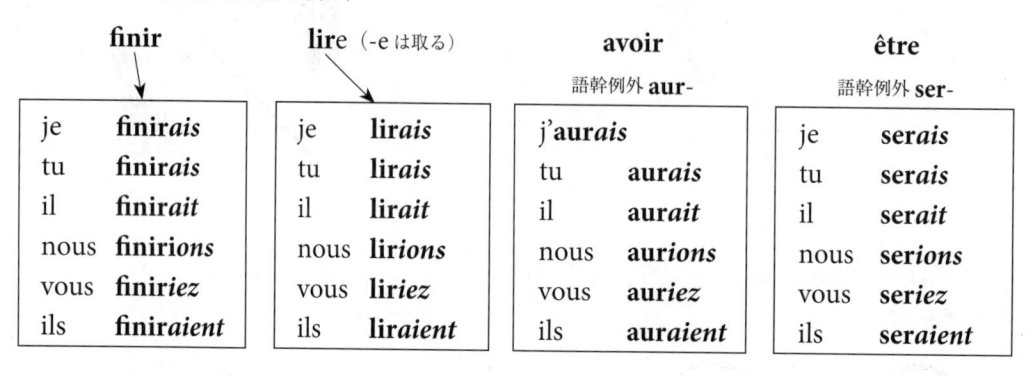

**finir**

| je | fin*irais* |
| tu | fin*irais* |
| il | fin*irait* |
| nous | fin*irions* |
| vous | fin*iriez* |
| ils | fin*iraient* |

**lir**e（-e は取る）

| je | l*irais* |
| tu | l*irais* |
| il | l*irait* |
| nous | l*irions* |
| vous | l*iriez* |
| ils | l*iraient* |

**avoir**
語幹例外 **aur-**

| j' | *aurais* |
| tu | *aurais* |
| il | *aurait* |
| nous | *aurions* |
| vous | *auriez* |
| ils | *auraient* |

**être**
語幹例外 **ser-**

| je | s*erais* |
| tu | s*erais* |
| il | s*erait* |
| nous | s*erions* |
| vous | s*eriez* |
| ils | s*eraient* |

### Exercices

**1.** 日本語に合わせて、動詞を活用させよう．

1) 「日本でパンダに会えたらなぁ．」(aimer)
　　J' (　　　　　) bien voir les pandas au Japon.

2) 「竹しか食べないの？ まるでパンダだね．」(dire)
　　Il ne mange que du bambou ? On (　　　　　) un panda.

3) 「君がパンダなら，動物園で何をする？」(faire)
　　Si tu étais un panda, qu'est-ce que tu (　　　　　) au zoo ?

4) 「中国が日本に，2匹のパンダを送る約束をしてくれました．」(avoir)
　　La Chine a promis qu'on (　　　　　) deux pandas au Japon.

**2.** 動詞を活用させよう．

savoir の条件法

| je | saurais | nous | saurions |
| tu | (　　　　) | vous | sauriez |
| il | (　　　　) | ils | (　　　　) |

## 2. 接続法

Je *suis étonné qu*'elle ***fasse*** la cuisine. 　私は彼女が料理をするというのは驚きだ．（感情）
Je *veux que* tu ***ailles*** mieux. 　君がよくなるよう望んでいる．（願望・命令・非現実）
Termine-le *avant qu*'il ne* ***pleuve***. 　雨が降る前にそれを終えなさい．（先行時間節）＊虚辞の ne

不確実・非現実・異常・否定・主観・感情などの文脈にある que 節の中で用いる．

作り方：《**直説法現在形 ils の語幹** + 語尾 (**-e, -es, -e, -ions, -iez, -ent**)》

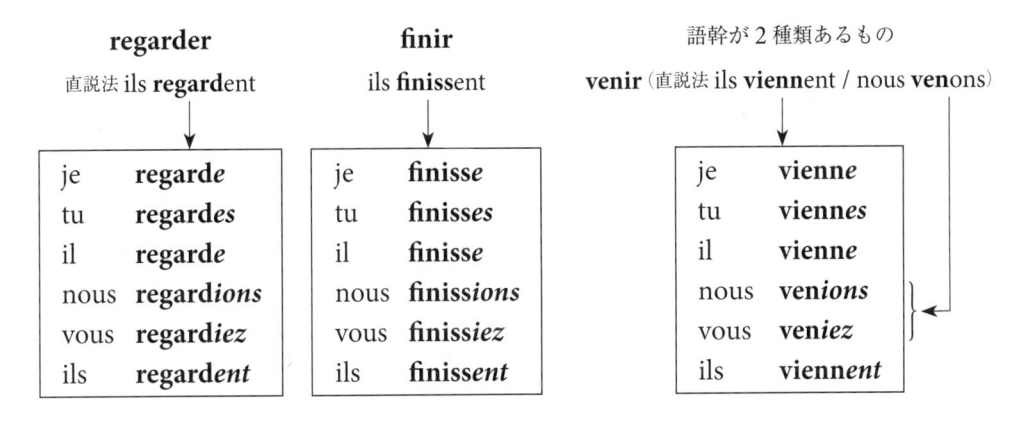

| regarder | finir | 語幹が2種類あるもの |
|---|---|---|
| 直説法 ils **regard**ent | ils **finiss**ent | **venir**（直説法 ils **vienn**ent / nous **ven**ons） |

| | regarder | | | finir | | | venir |
|---|---|---|---|---|---|---|---|
| je | regarde | | je | finisse | | je | vienne |
| tu | regardes | | tu | finisses | | tu | viennes |
| il | regarde | | il | finisse | | il | vienne |
| nous | regardions | | nous | finissions | | nous | venions |
| vous | regardiez | | vous | finissiez | | vous | veniez |
| ils | regardent | | ils | finissent | | ils | viennent |

語幹・語尾とも例外

| | avoir | | | être |
|---|---|---|---|---|
| j' | aie | | je | sois |
| tu | aies | | tu | sois |
| il | ait | | il | soit |
| nous | ayons | | nous | soyons |
| vous | ayez | | vous | soyez |
| ils | aient | | ils | soient |

語幹が特殊なもの

語幹 1 種類（3 動詞のみ）　　　語幹 2 種類
**faire** :　  je **fasse** 　　　　　**aller** :　  j'**aille**　　  nous **all**i**ons**
**pouvoir** :　je **puisse** 　　　　**valoir** :　 je **vaille**　 nous **val**i**ons**
**savoir** :　 je **sache** 　　　　　**vouloir** :　je **veuille**　nous **voul**i**ons**

### Exercices

**3.** 適切なものを選ぼう．

1) Je veux que nous ( aurons / ayons ) un chat chez nous.
2) Avant qu'il ( part / parte ), elle a une chose à lui dire.
3) Ce n'est pas important que ton chat ( est / soit ) gris ou noir.

### Le manga et la France

**77**

I : *Aurais-tu des suggestions pour l'avenir du manga en France ?*

L : D'abord, il faut que les parents puissent s'intéresser au manga. Il faut plus de titres destinés aux adultes, comme l'excellent *Quartier lointain* de Jiro Taniguchi. En tout cas, qu'on l'aime ou qu'on ne l'aime pas, le manga est formidable !

### Tu connais ce truc ?

**78**

**René Goscinny (1926-1977)** （ルネ・ゴシニ（1926年生―1977年没））

アステリクスはミッキーより人気者？　それはフランスの常識です．

　Tu connais le grand Goscinny ? Non ? Mais tu as déjà dû lire le *Petit Nicolas*, ou entendre parler d'*Astérix et Obélix*, puisqu'ils sont traduits en beaucoup de langues, même en latin et bien sûr en japonais.

*Astérix et Obélix*　　*Lucky Luke*　　*Le Petit Nicolas*

★ちょこっと解説★

　子どもから大人まで、誰にでも愛されている大作家ゴシニ．彼の作り上げたヒーローたちは、きっと世界中の人々を永遠に楽しませ続けるのです．

# ABC順
## 本書に登場する「マンガ」と文化情報の補足説明 (2011年現在)

*Alexandre le Bienheureux*, Yves Robert 監督, Philippe Noiret, Jean Carmet, 1967.:『ぐうたらバンザイ！』(原題は『福者アレクサンドル』日本公開は 1973 年). 筋骨たくましいが恐妻家の男が，妻の死をきっかけにぐうたら生活を始める．ところが村中に怠惰が広まり，その感染を恐れた村民と男は全面対決をすることに．

*Astérix et Obélix*:『アステリクスとオベリクス』(シリーズ). ゴシニがストーリーを書き，アルベール・ユデルゾ (Albert Uderzo) が絵をつけた漫画．パリにはアステリクス・パークがあるほど人気のあるキャラクターで，ゴシニの死後もユデルゾが一人でシリーズを継続している．

*Au Café Kichijoji*, Asuka éditions, 2007 (Laurent Latrille 訳), 3vol.: ねぎししょうこ，宮本夕生『café 吉祥寺で』，新書館，『月刊ウィングス』連載 (2000 年 – 2003 年)，全 3 巻．元は 1999 年のドラマ CD で，2008 年には実写版テレビドラマが放映された．

« *Auteuil Neuilly Passy* »:レ・ザンコニュによる 1986 年のヒット曲．

*Bic*:「ビック」．1945 年創業の文具メーカー．Bic はボールペンの代名詞となり，普通名詞としても用いられる．

*Café Martin (le)*:「マルタン・コーヒー」．フランスのコーヒーメーカーだろうが詳細は不明．

*City Hunter*, Paris, J'ai lu, 1996-, 36vol.: 北条司『CITY HUNTER シティーハンター』，集英社『週刊少年ジャンプ』連載 (1985 年 – 1991 年)，全 35 巻 (但し，文庫版その他の全集もある)．

*DAFT PUNK*:ダフト・パンク．Thomas Bangalter と Guy-Manuel de Homem-Christo のデュオ．主な作品としては『Homework』(1997 年)，『Discovery』(2001 年)，『Human After All』(2005 年). ほかにライブ盤や編集盤多数．彼らのプロモーションビデオの多くには松本零士がキャラクターデザインを提供している．長編のビデオ作品に『インターステラ 555』がある．

*Free Fight*, Éd. Tonkam, 2007- (Laurent Latrille 訳) (28 volumes sortis).: 猿渡哲也『TOUGH — タフ』，集英社，『週刊ヤングジャンプ』(2003–), 32 巻まで既刊．

*GANTZ*, Paris, Édition Tonkam, 2002- (Laurent Latrille 訳) (31 volumes sortis).: 奥 浩哉『GANTZ』，集英社，『週刊ヤングジャンプ』連載 (2000 年 -), 32 巻まで既刊．

*Goldorak*:永井豪『UFO ロボ グレンダイザー』(1975-77, 全 74 話):永井豪の漫画を原作としたアニメは 1975 年から 1977 年にかけて日本で放映された．フランスでは 1978 年以降，繰り返し放映されている．

GOSCINNY, René (1926-1977):ルネ・ゴシニ．漫画の原作や映画の脚本，『プチ・ニコラ』シリーズのような児童文学の傑作を多数残した偉大な作家．

« *Gothique-Lolita* »:「ゴスロリ」．ゴシック・アンド・ロリータの略で，日本独自のファッションスタイル，またはそのようなサブカルチャー一般の呼称．2006 年以降，パリにもゴスロリファッションの専門店があるらしい．

Hergé (1907-1983):エルジェ．ベルギーの漫画家．『タンタン』シリーズはあまりにも有名．

*Ichi, the killer*, Tonkam, 2011, (Laurent Latrille 訳), 3vol.:山本英夫『殺し屋 1』，小学館，『週刊ヤングサンデー』連載 (1998 年 – 2001 年)，全 10 巻．

*Jeanne et Serge*:小泉志津男『アタッカー You!』(1984-85, 全 58 話):同名の漫画を原作としたアニメは，フランスで 1987 年以降繰り返し放映されている．

*Jin*, Éd. Tonkam, 2007- (Laurent Latrille 訳) (14 volumes sortis).: 村上もとか『JIN — 仁』，集英社，『スーパージャンプ』連載 (2000-2010), 全 20 巻．

*Ken le survivant*:武論尊，原哲夫『北斗の拳』，集英社，『週刊少年ジャンプ』連載 (1983 年 – 1988 年):フランス語でも二種の翻訳が出ている．1984 年に制作されたテレビアニメ版がフランスでも子ども向け番組の枠内で放映されたが，その暴力的な描写と表現が災いして大変な物議をかもした．

*La Vache qui rit*：「笑う牛」の意味．100 年以上前に創業されたフランスのチーズメーカー．

*Les Inconnus*：フランスのお笑いトリオ．

*Lucky Luke*：『リュッキー・リュック』(シリーズ)．漫画家モリス (Morris) との共作．同作品には，ゴシニ以外のシナリオライターもストーリーを提供している．

MATSUMOTO, Reiji：松本零士．漫画家．『男おいどん』『銀河鉄道 999』『宇宙海賊キャプテン・ハーロック』『わが青春のアルカディア』など代表作多数．

MC Solaar (1969-)：MC ソラールはセネガルの出身で成功をおさめた最初のフランス語ラッパー．　作品に 「Qui sème le vent récolte le tempo ?」(1991 年)，「Prose combat」(1994 年)，「Paradisiaque」(1997 年)，「Mach 6」(2003 年)，「Chapitre 7」(2007 年)．

« Mot de passe »：土曜夜の視聴者参加型クイズ番組．

*Nicky Larson*：『CITY HUNTER』のアニメ版がフランスで放映された時の題名で，主人公の名前（冴羽獠）がこのように変えられていた．

*Olive et Tom*：高橋陽一『キャプテン翼』，集英社，『週刊少年ジャンプ』連載（1981 年－ 1988 年）．1983 年に制作されたテレビアニメ・シリーズは，1988 年以降フランスでも繰り返し放映されている．フランス語版では翼が Olivier Atton，若林が Thomas Price で，この二人の名前が題名となった．

*Petit Nicolas (le)*：『プチ・ニコラ』(シリーズ)．ゴシニが執筆し，画家ジャン - ジャック・サンペ (Jean-Jacques Sempé) による挿絵を添えた児童文学．2009 年には実写版として映画化された．

*Portrait de Petite Cosette,* Asuka éditions, 2004 (Laurent Latrille 訳), 2vol.：桂明日香『コゼットの肖像 (*Le Portrait de Petit* (ママ) *Cosette*)』(正しくは Petite Cosette)，講談社，2004，全 2 巻．2004 年に制作された OVA（オリジナル・ビデオ・アニメーション）全 3 巻が原作．

*Quartier lointain,* Frédéric Boilet trad., éditions Casterman, 2002-2003, 2vols., col. <Écritures>．：谷口ジロー『遥かな町へ』，小学館，1998 年．

*Soupe aux choux (la),* Jean Giraut (réalisateur), Louis de Funès, Jacques Villeret, 1981：『キャベツスープ』(1981 年制作，日本未公開作品) ジャン・ジロー監督作品で日本では未公開．喜劇王ルイ・ド・フュネスとやはり個性派喜劇俳優として有名だったジャン・カルメが農夫に扮して登場．フランスではキャベツにオナラを誘発する効果があると考えられていることから，それをネタとして用いている．二人の農夫がオナラのこき合いをしているうちに，その音に宇宙人（ジャック・ヴィルレ）が呼び寄せられ，農夫がつくる粗野な田舎料理（キャベツスープ）に魅了される．宇宙人はお礼に，願いを叶えてやろうと言うが…．

TANIGUCHI, Jirô：谷口ジロー．→ *Quartier lointain*.

« Télématin »：フランス 2 が放送する朝のワイドショー．（http://www.france2.fr/）

TEZUKA, Osamu (1928-1989)：手塚治虫．名実共に日本を代表する漫画家，アニメーション作家．「漫画の神様」とも呼ばれ，『鉄腕アトム』，『ブラック・ジャック』など多くの作品を残している．漫画家浦沢直樹による『PLUTO』が『鉄腕アトム』の一エピソードを基にしているのは有名な話．

*Tintin*：1929 年から始まったシリーズ．全 24 巻．少年記者タンタンと相棒の白い犬ミルーの冒険を描く．

*Tough, dur à cuir,* Tonkam, 2002-2007 (Laurent Latrille 訳), 42 vol.：猿渡哲也『高校鉄拳伝タフ』，集英社，『週刊ヤングジャンプ』連載（1993 年－ 2003 年)，全 42 巻．

*Viager (le)*：ピエール・チェルニア (Pierre Tchernia) 監督作品『終身年金契約』(1972 年制作，日本未公開作品)．ゴシニが脚本を担当した．題名の「ヴィアジェ」とはフランスの不動産売買契約の一種で，買い手は家主に月々の年金を払い続け，家主が死んだ時点で家は買い手の物となる．家主が数ヶ月で死ねばわずかな金額で夢のマイホームを手にできるが，もしも家主が買い手より長生きしたら…．なんと未だに存在するフランスのユニークな制度の不条理を面白可笑しく描いた抱腹絶倒ムービー．個性派喜劇俳優ミシェル・セローとミシェル・ガラブリュ，そして若きジェラール・ドパルデューが登場する．

6文で学ぶフランス語初級文法（CD付）

石野　好一
芦川　智一　著
野呂　康

2013. 2.20　初版印刷
2013. 3. 1　初版発行

発行者　井　田　洋　二

〒101-0062 東京都千代田区神田駿河台3の7
発行所　電話 03(3291)1676　FAX 03(3291)1675
　　　　振替 00190-3-56669

株式会社　駿河台出版社

製版　欧友社／印刷・製本　三友印刷
http://www.e-surugadai.com
ISBN 978-4-411-00771-1

# 動詞活用表

◇ 活用表中，現在分詞と過去分詞はイタリック体，
また書体の違う活用は，とくに注意すること．

| | | | | | |
|---|---|---|---|---|---|
| accueillir | 22 | écrire | 40 | pleuvoir | 61 |
| acheter | 10 | émouvoir | 55 | pouvoir | 54 |
| acquérir | 26 | employer | 13 | préférer | 12 |
| aimer | 7 | envoyer | 15 | prendre | 29 |
| aller | 16 | être | 2 | recevoir | 52 |
| appeler | 11 | être aimé(e)(s) | 5 | rendre | 28 |
| (s')asseoir | 60 | être allé(e)(s) | 4 | résoudre | 42 |
| avoir | 1 | faire | 31 | rire | 48 |
| avoir aimé | 3 | falloir | 62 | rompre | 50 |
| battre | 46 | finir | 17 | savoir | 56 |
| boire | 41 | fuir | 27 | sentir | 19 |
| commencer | 8 | (se) lever | 6 | suffire | 34 |
| conclure | 49 | lire | 33 | suivre | 38 |
| conduire | 35 | manger | 9 | tenir | 20 |
| connaître | 43 | mettre | 47 | vaincre | 51 |
| coudre | 37 | mourir | 25 | valoir | 59 |
| courir | 24 | naître | 44 | venir | 21 |
| craindre | 30 | ouvrir | 23 | vivre | 39 |
| croire | 45 | partir | 18 | voir | 57 |
| devoir | 53 | payer | 14 | vouloir | 58 |
| dire | 32 | plaire | 36 | | |

◇ 単純時称の作り方

| 不定法 |
|---|
| —er [e] |
| —ir [ir] |
| —re [r] |
| —oir [war] |

| 現在分詞 |
|---|
| —ant [ɑ̃] |

|  | 直説法現在 |  | 接続法現在 |  | 直説法半過去 |  |
|---|---|---|---|---|---|---|
| je (j') | —e | [無音] | —s | [無音] | —e | [無音] | —ais | [ɛ] |
| tu | —es | [無音] | —s | [無音] | —es | [無音] | —ais | [ɛ] |
| il | —e | [無音] | —t | [無音] | —e | [無音] | —ait | [ɛ] |
| nous | —ons | [ɔ̃] | —ions | [jɔ̃] | —ions | [jɔ̃] |
| vous | —ez | [e] | —iez | [je] | —iez | [je] |
| ils | —ent | [無音] | —ent | [無音] | —aient | [ɛ] |

|  | 直説法単純未来 |  | 条件法現在 |  |
|---|---|---|---|---|
| je (j') | —rai | [re] | —rais | [rɛ] |
| tu | —ras | [rɑ] | —rais | [rɛ] |
| il | —ra | [ra] | —rait | [rɛ] |
| nous | —rons | [rɔ̃] | —rions | [rjɔ̃] |
| vous | —rez | [re] | —riez | [rje] |
| ils | —ront | [rɔ̃] | —raient | [rɛ] |

|  | 直 説 法 単 純 過 去 |  |  |  |  |  |
|---|---|---|---|---|---|---|
| je | —ai | [e] | —is | [i] | —us | [y] |
| tu | —as | [ɑ] | —is | [i] | —us | [y] |
| il | —a | [a] | —it | [i] | —ut | [y] |
| nous | —âmes | [am] | —îmes | [im] | —ûmes | [ym] |
| vous | —âtes | [at] | —îtes | [it] | —ûtes | [yt] |
| ils | —èrent | [ɛr] | —irent | [ir] | —urent | [yr] |

| 過去分詞 | —é [e], —i [i], —u [y], —s [無音], —t [無音] |
|---|---|

①**直説法現在**の単数形は，第一群動詞では—e, —es, —e；他の動詞ではほとんど—s, —s, —t.
②**直説法現在**と**接続法現在**では，nous, vous の語幹が，他の人称の語幹と異なること（母音交替）がある.
③**命令法**は，直説法現在の tu, nous, vous をとった形．（ただし—es → e　vas → va）
④**接続法現在**は，多く直説法現在の3人称複数形から作られる．ils partent → je parte.
⑤**直説法半過去**と**現在分詞**は，直説法現在の1人称複数形から作られる．
⑥**直説法単純未来**と**条件法現在**は多く不定法から作られる．aimer → j'aimerai, finir → je finirai, rendre → je rendrai (-oir 型の語幹は不規則).

## 1. avoir 直説法

現在分詞
ayant

過去分詞
eu [y]

| | 現在 | | 半過去 | | 単純過去 | |
|---|---|---|---|---|---|---|
| j' | ai | j' | avais | j' | eus | [y] |
| tu | as | tu | avais | tu | eus | |
| il | a | il | avait | il | eut | |
| nous | avons | nous | avions | nous | eûmes | |
| vous | avez | vous | aviez | vous | eûtes | |
| ils | ont | ils | avaient | ils | eurent | |

命令法
aie
ayons
ayez

| | 複合過去 | | | 大過去 | | | 前過去 | |
|---|---|---|---|---|---|---|---|---|
| j' | ai | eu | j' | avais | eu | j' | eus | eu |
| tu | as | eu | tu | avais | eu | tu | eus | eu |
| il | a | eu | il | avait | eu | il | eut | eu |
| nous | avons | eu | nous | avions | eu | nous | eûmes | eu |
| vous | avez | eu | vous | aviez | eu | vous | eûtes | eu |
| ils | ont | eu | ils | avaient | eu | ils | eurent | eu |

## 2. être 直説法

現在分詞
étant

過去分詞
été

| | 現在 | | 半過去 | | 単純過去 |
|---|---|---|---|---|---|
| je | suis | j' | étais | je | fus |
| tu | es | tu | étais | tu | fus |
| il | est | il | était | il | fut |
| nous | sommes | nous | étions | nous | fûmes |
| vous | êtes | vous | étiez | vous | fûtes |
| ils | sont | ils | étaient | ils | furent |

命令法
sois
soyons
soyez

| | 複合過去 | | | 大過去 | | | 前過去 | |
|---|---|---|---|---|---|---|---|---|
| j' | ai | été | j' | avais | été | j' | eus | été |
| tu | as | été | tu | avais | été | tu | eus | été |
| il | a | été | il | avait | été | il | eut | été |
| nous | avons | été | nous | avions | été | nous | eûmes | été |
| vous | avez | été | vous | aviez | été | vous | eûtes | été |
| ils | ont | été | ils | avaient | été | ils | eurent | été |

## 3. avoir aimé 直説法

[複合時称]

分詞複合形
ayant aimé

命令法
aie aimé
ayons aimé
ayez aimé

| | 複合過去 | | | 大過去 | | | 前過去 | |
|---|---|---|---|---|---|---|---|---|
| j' | ai | aimé | j' | avais | aimé | j' | eus | aimé |
| tu | as | aimé | tu | avais | aimé | tu | eus | aimé |
| il | a | aimé | il | avait | aimé | il | eut | aimé |
| elle | a | aimé | elle | avait | aimé | elle | eut | aimé |
| nous | avons | aimé | nous | avions | aimé | nous | eûmes | aimé |
| vous | avez | aimé | vous | aviez | aimé | vous | eûtes | aimé |
| ils | ont | aimé | ils | avaient | aimé | ils | eurent | aimé |
| elles | ont | aimé | elles | avaient | aimé | elles | eurent | aimé |

## 4. être allé(e)(s) 直説法

[複合時称]

分詞複合形
étant allé(e)(s)

命令法
sois allé(e)
soyons allé(e)s
soyez allé(e)(s)

| | 複合過去 | | | 大過去 | | | 前過去 | |
|---|---|---|---|---|---|---|---|---|
| je | suis | allé(e) | j' | étais | allé(e) | je | fus | allé(e) |
| tu | es | allé(e) | tu | étais | allé(e) | tu | fus | allé(e) |
| il | est | allé | il | était | allé | il | fut | allé |
| elle | est | allée | elle | était | allée | elle | fut | allée |
| nous | sommes | allé(e)s | nous | étions | allé(e)s | nous | fûmes | allé(e)s |
| vous | êtes | allé(e)(s) | vous | étiez | allé(e)(s) | vous | fûtes | allé(e)(s) |
| ils | sont | allés | ils | étaient | allés | ils | furent | allés |
| elles | sont | allées | elles | étaient | allées | elles | furent | allées |

|  | | 条件法 | | 接続法 | |
|---|---|---|---|---|---|
| 単純未来 | | 現在 | | 現在 | 半過去 |
| j' aurai | j' | aurais | j' aie | j' | eusse |
| tu auras | tu | aurais | tu aies | tu | eusses |
| il aura | il | aurait | il ait | il | eût |
| nous aurons | nous | aurions | nous ayons | nous | eussions |
| vous aurez | vous | auriez | vous ayez | vous | eussiez |
| ils auront | ils | auraient | ils aient | ils | eussent |
| 前未来 | | 過去 | 過去 | | 大過去 |
| j' aurai eu | j' | aurais eu | j' aie eu | j' | eusse eu |
| tu auras eu | tu | aurais eu | tu aies eu | tu | eusses eu |
| il aura eu | il | aurait eu | il ait eu | il | eût eu |
| nous aurons eu | nous | aurions eu | nous ayons eu | nous | eussions eu |
| vous aurez eu | vous | auriez eu | vous ayez eu | vous | eussiez eu |
| ils auront eu | ils | auraient eu | ils aient eu | ils | eussent eu |

|  | | 条件法 | | 接続法 | |
|---|---|---|---|---|---|
| 単純未来 | | 現在 | 現在 | | 半過去 |
| je serai | je | serais | je sois | je | fusse |
| tu seras | tu | serais | tu sois | tu | fusses |
| il sera | il | serait | il soit | il | fût |
| nous serons | nous | serions | nous soyons | nous | fussions |
| vous serez | vous | seriez | vous soyez | vous | fussiez |
| ils seront | ils | seraient | ils soient | ils | fussent |
| 前未来 | | 過去 | 過去 | | 大過去 |
| j' aurai été | j' | aurais été | j' aie été | j' | eusse été |
| tu auras été | tu | aurais été | tu aies été | tu | eusses été |
| il aura été | il | aurait été | il ait été | il | eût été |
| nous aurons été | nous | aurions été | nous ayons été | nous | eussions été |
| vous aurez été | vous | auriez été | vous ayez été | vous | eussiez été |
| ils auront été | ils | auraient été | ils aient été | ils | eussent été |

|  | | 条件法 | | 接続法 | |
|---|---|---|---|---|---|
| 前未来 | | 過去 | 過去 | | 大過去 |
| j' aurai aimé | j' | aurais aimé | j' aie aimé | j' | eusse aimé |
| tu auras aimé | tu | aurais aimé | tu aies aimé | tu | eusses aimé |
| il aura aimé | il | aurait aimé | il ait aimé | il | eût aimé |
| elle aura aimé | elle | aurait aimé | elle ait aimé | elle | eût aimé |
| nous aurons aimé | nous | aurions aimé | nous ayons aimé | nous | eussions aimé |
| vous aurez aimé | vous | auriez aimé | vous ayez aimé | vous | eussiez aimé |
| ils auront aimé | ils | auraient aimé | ils aient aimé | ils | eussent aimé |
| elles auront aimé | elles | auraient aimé | elles aient aimé | elles | eussent aimé |

|  | | 条件法 | | 接続法 | |
|---|---|---|---|---|---|
| 前未来 | | 過去 | 過去 | | 大過去 |
| je serai allé(e) | je | serais allé(e) | je sois allé(e) | je | fusse allé(e) |
| tu seras allé(e) | tu | serais allé(e) | tu sois allé(e) | tu | fusse allé(e) |
| il sera allé | il | serait allé | il soit allé | il | fût allé |
| elle sera allée | elle | serait allée | elle soit allée | elle | fût allée |
| nous serons allé(e)s | nous | serions allé(e)s | nous soyons allé(e)s | nous | fussions allé(e)s |
| vous serez allé(e)(s) | vous | seriez allé(e)(s) | vous soyez allé(e)(s) | vous | fussiez allé(e)(s) |
| ils seront allés | ils | seraient allés | ils soient allés | ils | fussent allés |
| elles seront allées | elles | seraient allées | elles soient allées | elles | fussent allées |

## 5. être aimé(e)(s) [受動態]

| 直　説　法 | | | | | | | 接　続　法 | | |
|---|---|---|---|---|---|---|---|---|---|
| 現　在 | | | 複　合　過　去 | | | | 現　在 | | |
| je | suis | aimé(e) | j' | ai | été | aimé(e) | je | sois | aimé(e) |
| tu | es | aimé(e) | tu | as | été | aimé(e) | tu | sois | aimé(e) |
| il | est | aimé | il | a | été | aimé | il | soit | aimé |
| elle | est | aimée | elle | a | été | aimée | elle | soit | aimée |
| nous | sommes | aimé(e)s | nous | avons | été | aimé(e)s | nous | soyons | aimé(e)s |
| vous | êtes | aimé(e)(s) | vous | avez | été | aimé(e)(s) | vous | soyez | aimé(e)(s) |
| ils | sont | aimés | ils | ont | été | aimés | ils | soient | aimés |
| elles | sont | aimées | elles | ont | été | aimées | elles | soient | aimées |
| 半　過　去 | | | 大　過　去 | | | | 過　去 | | |
| j' | étais | aimé(e) | j' | avais | été | aimé(e) | j' | aie | été aimé(e) |
| tu | étais | aimé(e) | tu | avais | été | aimé(e) | tu | aies | été aimé(e) |
| il | était | aimé | il | avait | été | aimé | il | ait | été aimé |
| elle | était | aimée | elle | avait | été | aimée | elle | ait | été aimée |
| nous | étions | aimé(e)s | nous | avions | été | aimé(e)s | nous | ayons | été aimé(e)s |
| vous | étiez | aimé(e)(s) | vous | aviez | été | aimé(e)(s) | vous | ayez | été aimé(e)(s) |
| ils | étaient | aimés | ils | avaient | été | aimés | ils | aient | été aimés |
| elles | étaient | aimées | elles | avaient | été | aimées | elles | aient | été aimées |
| 単　純　過　去 | | | 前　過　去 | | | | 半　過　去 | | |
| je | fus | aimé(e) | j' | eus | été | aimé(e) | je | fusse | aimé(e) |
| tu | fus | aimé(e) | tu | eus | été | aimé(e) | tu | fusses | aimé(e) |
| il | fut | aimé | il | eut | été | aimé | il | fût | aimé |
| elle | fut | aimée | elle | eut | été | aimée | elle | fût | aimée |
| nous | fûmes | aimé(e)s | nous | eûmes | été | aimé(e)s | nous | fussions | aimé(e)s |
| vous | fûtes | aimé(e)(s) | vous | eûtes | été | aimé(e)(s) | vous | fussiez | aimé(e)(s) |
| ils | furent | aimés | ils | eurent | été | aimés | ils | fussent | aimés |
| elles | furent | aimées | elles | eurent | été | aimées | elles | fussent | aimées |
| 単　純　未　来 | | | 前　未　来 | | | | 大　過　去 | | |
| je | serai | aimé(e) | j' | aurai | été | aimé(e) | j' | eusse | été aimé(e) |
| tu | seras | aimé(e) | tu | auras | été | aimé(e) | tu | eusses | été aimé(e) |
| il | sera | aimé | il | aura | été | aimé | il | eût | été aimé |
| elle | sera | aimée | elle | aura | été | aimée | elle | eût | été aimée |
| nous | serons | aimé(e)s | nous | aurons | été | aimé(e)s | nous | eussions | été aimé(e)s |
| vous | serez | aimé(e)(s) | vous | aurez | été | aimé(e)(s) | vous | eussiez | été aimé(e)(s) |
| ils | seront | aimés | ils | auront | été | aimés | ils | eussent | été aimés |
| elles | seront | aimées | elles | auront | été | aimées | elles | eussent | été aimées |
| 条　件　法 | | | | | | | 現在分詞 | | |
| 現　在 | | | 過　去 | | | | étant aimé(e)(s) | | |
| je | serais | aimé(e) | j' | aurais | été | aimé(e) | | | |
| tu | serais | aimé(e) | tu | aurais | été | aimé(e) | 過去分詞 | | |
| il | serait | aimé | il | aurait | été | aimé | été aimé(e)(s) | | |
| elle | serait | aimée | elle | aurait | été | aimée | | | |
| nous | serions | aimé(e)s | nous | aurions | été | aimé(e)s | 命　令　法 | | |
| vous | seriez | aimé(e)(s) | vous | auriez | été | aimé(e)(s) | sois | aimé(e)s | |
| ils | seraient | aimés | ils | auraient | été | aimés | soyons | aimé(e)s | |
| elles | seraient | aimées | elles | auraient | été | aimées | soyez | aimé(e)(s) | |

## 6. se lever ［代名動詞］

### 直説法

#### 現在
| | | |
|---|---|---|
| je | me | lève |
| tu | te | lèves |
| il | se | lève |
| elle | se | lève |
| nous | nous | levons |
| vous | vous | levez |
| ils | se | lèvent |
| elles | se | lèvent |

#### 複合過去
| | | | |
|---|---|---|---|
| je | me | suis | levé(e) |
| tu | t' | es | levé(e) |
| il | s' | est | levé |
| elle | s' | est | levée |
| nous | nous | sommes | levé(e)s |
| vous | vous | êtes | levé(e)(s) |
| ils | se | sont | levés |
| elles | se | sont | levées |

#### 半過去
| | | |
|---|---|---|
| je | me | levais |
| tu | te | levais |
| il | se | levait |
| elle | se | levait |
| nous | nous | levions |
| vous | vous | leviez |
| ils | se | levaient |
| elles | se | levaient |

#### 大過去
| | | | |
|---|---|---|---|
| je | m' | étais | levé(e) |
| tu | t' | étais | levé(e) |
| il | s' | était | levé |
| elle | s' | était | levée |
| nous | nous | étions | levé(e)s |
| vous | vous | étiez | levé(e)(s) |
| ils | s' | étaient | levés |
| elles | s' | étaient | levées |

#### 単純過去
| | | |
|---|---|---|
| je | me | levai |
| tu | te | levas |
| il | se | leva |
| elle | se | leva |
| nous | nous | levâmes |
| vous | vous | levâtes |
| ils | se | levèrent |
| elles | se | levèrent |

#### 前過去
| | | | |
|---|---|---|---|
| je | me | fus | levé(e) |
| tu | te | fus | levé(e) |
| il | se | fut | levé |
| elle | se | fut | levée |
| nous | nous | fûmes | levé(e)s |
| vous | vous | fûtes | levé(e)(s) |
| ils | se | furent | levés |
| elles | se | furent | levées |

#### 単純未来
| | | |
|---|---|---|
| je | me | lèverai |
| tu | te | lèveras |
| il | se | lèvera |
| elle | se | lèvera |
| nous | nous | lèverons |
| vous | vous | lèverez |
| ils | se | lèveront |
| elles | se | lèveront |

#### 前未来
| | | | |
|---|---|---|---|
| je | me | serai | levé(e) |
| tu | te | seras | levé(e) |
| il | se | sera | levé |
| elle | se | sera | levée |
| nous | nous | serons | levé(e)s |
| vous | vous | serez | levé(e)(s) |
| ils | se | seront | levés |
| elles | se | seront | levées |

### 接続法

#### 現在
| | | |
|---|---|---|
| je | me | lève |
| tu | te | lèves |
| il | se | lève |
| elle | se | lève |
| nous | nous | levions |
| vous | vous | leviez |
| ils | se | lèvent |
| elles | se | lèvent |

#### 過去
| | | | |
|---|---|---|---|
| je | me | sois | levé(e) |
| tu | te | sois | levé(e) |
| il | se | soit | levé |
| elle | se | soit | levée |
| nous | nous | soyons | levé(e)s |
| vous | vous | soyez | levé(e)(s) |
| ils | se | soient | levés |
| elles | se | soient | levées |

#### 半過去
| | | |
|---|---|---|
| je | me | levasse |
| tu | te | levasses |
| il | se | levât |
| elle | se | levât |
| nous | nous | levassions |
| vous | vous | levassiez |
| ils | se | levassent |
| elles | se | levassent |

#### 大過去
| | | | |
|---|---|---|---|
| je | me | fusse | levé(e) |
| tu | te | fusses | levé(e) |
| il | se | fût | levé |
| elle | se | fût | levée |
| nous | nous | fussions | levé(e)s |
| vous | vous | fussiez | levé(e)(s) |
| ils | se | fussent | levés |
| elles | se | fussent | levées |

### 条件法

#### 現在
| | | |
|---|---|---|
| je | me | lèverais |
| tu | te | lèverais |
| il | se | lèverait |
| elle | se | lèverait |
| nous | nous | lèverions |
| vous | vous | lèveriez |
| ils | se | lèveraient |
| elles | se | lèveraient |

#### 過去
| | | | |
|---|---|---|---|
| je | me | serais | levé(e) |
| tu | te | serais | levé(e) |
| il | se | serait | levé |
| elle | se | serait | levée |
| nous | nous | serions | levé(e)s |
| vous | vous | seriez | levé(e)(s) |
| ils | se | seraient | levés |
| elles | se | seraient | levées |

### 現在分詞
se levant

### 命令法
lève-toi
levons-nous
levez-vous

◇ se が間接補語のとき過去分詞は性・数の変化をしない．

| 不定法<br>現在分詞<br>過去分詞 | 直説法 ||||
|---|---|---|---|---|
| | 現　在 | 半過去 | 単純過去 | 単純未来 |
| **7. aimer**<br><br>*aimant*<br>*aimé* | j'　aime<br>tu　aimes<br>il　aime<br>n.　aimons<br>v.　aimez<br>ils　aiment | j'　aimais<br>tu　aimais<br>il　aimait<br>n.　aimions<br>v.　aimiez<br>ils　aimaient | j'　aimai<br>tu　aimas<br>il　aima<br>n.　aimâmes<br>v.　aimâtes<br>ils　aimèrent | j'　aimerai<br>tu　aimeras<br>il　aimera<br>n.　aimerons<br>v.　aimerez<br>ils　aimeront |
| **8. commencer**<br><br>*commençant*<br>*commencé* | je　commence<br>tu　commences<br>il　commence<br>n.　commençons<br>v.　commencez<br>ils　commencent | je　commençais<br>tu　commençais<br>il　commençait<br>n.　commencions<br>v.　commenciez<br>ils　commençaient | je　commençai<br>tu　commenças<br>il　commença<br>n.　commençâmes<br>v.　commençâtes<br>ils　commencèrent | je　commencerai<br>tu　commenceras<br>il　commencera<br>n.　commencerons<br>v.　commencerez<br>ils　commenceront |
| **9. manger**<br><br>*mangeant*<br>*mangé* | je　mange<br>tu　manges<br>il　mange<br>n.　mangeons<br>v.　mangez<br>ils　mangent | je　mangeais<br>tu　mangeais<br>il　mangeait<br>n.　mangions<br>v.　mangiez<br>ils　mangeaient | je　mangeai<br>tu　mangeas<br>il　mangea<br>n.　mangeâmes<br>v.　mangeâtes<br>ils　mangèrent | je　mangerai<br>tu　mangeras<br>il　mangera<br>n.　mangerons<br>v.　mangerez<br>ils　mangeront |
| **10. acheter**<br><br>*achetant*<br>*acheté* | j'　achète<br>tu　achètes<br>il　achète<br>n.　achetons<br>v.　achetez<br>ils　achètent | j'　achetais<br>tu　achetais<br>il　achetait<br>n.　achetions<br>v.　achetiez<br>ils　achetaient | j'　achetai<br>tu　achetas<br>il　acheta<br>n.　achetâmes<br>v.　achetâtes<br>ils　achetèrent | j'　achèterai<br>tu　achèteras<br>il　achètera<br>n.　achèterons<br>v.　achèterez<br>ils　achèteront |
| **11. appeler**<br><br>*appelant*<br>*appelé* | j'　appelle<br>tu　appelles<br>il　appelle<br>n.　appelons<br>v.　appelez<br>ils　appellent | j'　appelais<br>tu　appelais<br>il　appelait<br>n.　appelions<br>v.　appeliez<br>ils　appelaient | j'　appelai<br>tu　appelas<br>il　appela<br>n.　appelâmes<br>v.　appelâtes<br>ils　appelèrent | j'　appellerai<br>tu　appelleras<br>il　appellera<br>n.　appellerons<br>v.　appellerez<br>ils　appelleront |
| **12. préférer**<br><br>*préférant*<br>*préféré* | je　préfère<br>tu　préfères<br>il　préfère<br>n.　préférons<br>v.　préférez<br>ils　préfèrent | je　préférais<br>tu　préférais<br>il　préférait<br>n.　préférions<br>v.　préfériez<br>ils　préféraient | je　préférai<br>tu　préféras<br>il　préféra<br>n.　préférâmes<br>v.　préférâtes<br>ils　préférèrent | je　préférerai<br>tu　préféreras<br>il　préférera<br>n.　préférerons<br>v.　préférerez<br>ils　préféreront |
| **13. employer**<br><br>*employant*<br>*employé* | j'　emploie<br>tu　emploies<br>il　emploie<br>n.　employons<br>v.　employez<br>ils　emploient | j'　employais<br>tu　employais<br>il　employait<br>n.　employions<br>v.　employiez<br>ils　employaient | j'　employai<br>tu　employas<br>il　employa<br>n.　employâmes<br>v.　employâtes<br>ils　employèrent | j'　emploierai<br>tu　emploieras<br>il　emploiera<br>n.　emploierons<br>v.　emploierez<br>ils　emploieront |

| 条件法 | 接続法 | | 命令法 | 同型 |
|---|---|---|---|---|
| 現在 | 現在 | 半過去 | | |

| 条件法 現在 | 接続法 現在 | 接続法 半過去 | 命令法 | 同型 |
|---|---|---|---|---|
| j' aimerais<br>tu aimerais<br>il aimerait<br>n. aimerions<br>v. aimeriez<br>ils aimeraient | j' aime<br>tu aimes<br>il aime<br>n. aimions<br>v. aimiez<br>ils aiment | j' aimasse<br>tu aimasses<br>il aimât<br>n. aimassions<br>v. aimassiez<br>ils aimassent | aime<br><br><br>aimons<br>aimez | 注 語尾 -er の動詞<br>(除：aller, envoyer)<br>を**第一群規則動詞**と<br>もいう． |
| je commencerais<br>tu commencerais<br>il commencerait<br>n. commencerions<br>v. commenceriez<br>ils commenceraient | je commence<br>tu commences<br>il commence<br>n. commencions<br>v. commenciez<br>ils commencent | je commençasse<br>tu commençasses<br>il commençât<br>n. commençassions<br>v. commençassiez<br>ils commençassent | commence<br><br><br>commençons<br>commencez | **avancer<br>effacer<br>forcer<br>lancer<br>placer<br>prononcer<br>remplacer<br>renoncer** |
| je mangerais<br>tu mangerais<br>il mangerait<br>n. mangerions<br>v. mangeriez<br>ils mangeraient | je mange<br>tu manges<br>il mange<br>n. mangions<br>v. mangiez<br>ils mangent | je mangeasse<br>tu mangeasses<br>il mangeât<br>n. mangeassions<br>v. mangeassiez<br>ils mangeassent | mange<br><br><br>mangeons<br>mangez | **arranger<br>changer<br>charger<br>déranger<br>engager<br>manger<br>obliger<br>voyager** |
| j' achèterais<br>tu achèterais<br>il achèterait<br>n. achèterions<br>v. achèteriez<br>ils achèteraient | j' achète<br>tu achètes<br>il achète<br>n. achetions<br>v. achetiez<br>ils achètent | j' achetasse<br>tu achetasses<br>il achetât<br>n. achetassions<br>v. achetassiez<br>ils achetassent | achète<br><br><br>achetons<br>achetez | **achever<br>amener<br>enlever<br>lever<br>mener<br>peser<br>(se) promener** |
| j' appellerais<br>tu appellerais<br>il appellerait<br>n. appellerions<br>v. appelleriez<br>ils appelleraient | j' appelle<br>tu appelles<br>il appelle<br>n. appelions<br>v. appeliez<br>ils appellent | j' appelasse<br>tu appelasses<br>il appelât<br>n. appelassions<br>v. appelassiez<br>ils appelassent | appelle<br><br><br>appelons<br>appelez | **jeter<br>rappeler<br>rejeter<br>renouveler** |
| je préférerais<br>tu préférerais<br>il préférerait<br>n. préférerions<br>v. préféreriez<br>ils préféreraient | je préfère<br>tu préfères<br>il préfère<br>n. préférions<br>v. préfériez<br>ils préfèrent | je préférasse<br>tu préférasses<br>il préférât<br>n. préférassions<br>v. préférassiez<br>ils préférassent | préfère<br><br><br>préférons<br>préférez | **considérer<br>désespérer<br>espérer<br>inquiéter<br>pénétrer<br>posséder<br>répéter<br>sécher** |
| j' emploierais<br>tu emploierais<br>il emploierait<br>n. emploierions<br>v. emploieriez<br>ils emploieraient | j' emploie<br>tu emploies<br>il emploie<br>n. employions<br>v. employiez<br>ils emploient | j' employasse<br>tu employasses<br>il employât<br>n. employassions<br>v. employassiez<br>ils employassent | emploie<br><br><br>employons<br>employez | **-oyer**(除：**envoyer**)<br>**-uyer<br>appuyer<br>ennuyer<br>essuyer<br>nettoyer** |

| 不定法<br>現在分詞<br>過去分詞 | 直説法 ||||
|---|---|---|---|---|
| | 現在 | 半過去 | 単純過去 | 単純未来 |
| **14. payer**<br>*payant*<br>*payé* | je paye (paie)<br>tu payes (paies)<br>il paye (paie)<br>n. payons<br>v. payez<br>ils payent (paient) | je payais<br>tu payais<br>il payait<br>n. payions<br>v. payiez<br>ils payaient | je payai<br>tu payas<br>il paya<br>n. payâmes<br>v. payâtes<br>ils payèrent | je payerai (paierai)<br>tu payeras (*etc....*)<br>il payera<br>n. payerons<br>v. payerez<br>ils payeront |
| **15. envoyer**<br>*envoyant*<br>*envoyé* | j' envoie<br>tu envoies<br>il envoie<br>n. envoyons<br>v. envoyez<br>ils envoient | j' envoyais<br>tu envoyais<br>il envoyait<br>n. envoyions<br>v. envoyiez<br>ils envoyaient | j' envoyai<br>tu envoyas<br>il envoya<br>n. envoyâmes<br>v. envoyâtes<br>ils envoyèrent | j' **enverrai**<br>tu **enverras**<br>il **enverra**<br>n. **enverrons**<br>v. **enverrez**<br>ils **enverront** |
| **16. aller**<br>*allant*<br>*allé* | je **vais**<br>tu **vas**<br>il **va**<br>n. allons<br>v. allez<br>ils **vont** | j' allais<br>tu allais<br>il allait<br>n. allions<br>v. alliez<br>ils allaient | j' allai<br>tu allas<br>il alla<br>n. allâmes<br>v. allâtes<br>ils allèrent | j' **irai**<br>tu **iras**<br>il **ira**<br>n. **irons**<br>v. **irez**<br>ils **iront** |
| **17. finir**<br>*finissant*<br>*fini* | je finis<br>tu finis<br>il finit<br>n. finissons<br>v. finissez<br>ils finissent | je finissais<br>tu finissais<br>il finissait<br>n. finissions<br>v. finissiez<br>ils finissaient | je finis<br>tu finis<br>il finit<br>n. finîmes<br>v. finîtes<br>ils finirent | je finirai<br>tu finiras<br>il finira<br>n. finirons<br>v. finirez<br>ils finiront |
| **18. partir**<br>*partant*<br>*parti* | je pars<br>tu pars<br>il part<br>n. partons<br>v. partez<br>ils partent | je partais<br>tu partais<br>il partait<br>n. partions<br>v. partiez<br>ils partaient | je partis<br>tu partis<br>il partit<br>n. partîmes<br>v. partîtes<br>ils partirent | je partirai<br>tu partiras<br>il partira<br>n. partirons<br>v. partirez<br>ils partiront |
| **19. sentir**<br>*sentant*<br>*senti* | je sens<br>tu sens<br>il sent<br>n. sentons<br>v. sentez<br>ils sentent | je sentais<br>tu sentais<br>il sentait<br>n. sentions<br>v. sentiez<br>ils sentaient | je sentis<br>tu sentis<br>il sentit<br>n. sentîmes<br>v. sentîtes<br>ils sentirent | je sentirai<br>tu sentiras<br>il sentira<br>n. sentirons<br>v. sentirez<br>ils sentiront |
| **20. tenir**<br>*tenant*<br>*tenu* | je tiens<br>tu tiens<br>il tient<br>n. tenons<br>v. tenez<br>ils tiennent | je tenais<br>tu tenais<br>il tenait<br>n. tenions<br>v. teniez<br>ils tenaient | je tins<br>tu tins<br>il tint<br>n. tînmes<br>v. tîntes<br>ils tinrent | je **tiendrai**<br>tu **tiendras**<br>il **tiendra**<br>n. **tiendrons**<br>v. **tiendrez**<br>ils **tiendront** |

| 条件法 | 接続法 | | 命令法 | 同型 |
|---|---|---|---|---|
| 現在 | 現在 | 半過去 | | |
| je payerais (paierais)<br>tu payerais (*etc....*)<br>il payerait<br>n. payerions<br>v. payeriez<br>ils payeraient | je paye (paie)<br>tu payes (paies)<br>il paye (paie)<br>n. payions<br>v. payiez<br>ils payent (paient) | je payasse<br>tu payasses<br>il payât<br>n. payassions<br>v. payassiez<br>ils payassent | paie (paye)<br><br>payons<br>payez | [発音]<br>je paye [ʒəpɛj],<br>je paie [ʒəpɛ];<br>je payerai [ʒəpɛjre],<br>je paierai [ʒəpɛre]. |
| j' enverrais<br>tu enverrais<br>il enverrait<br>n. enverrions<br>v. enverriez<br>ils enverraient | j' envoie<br>tu envoies<br>il envoie<br>n. envoyions<br>v. envoyiez<br>ils envoient | j' envoyasse<br>tu envoyasses<br>il envoyât<br>n. envoyassions<br>v. envoyassiez<br>ils envoyassent | envoie<br><br>envoyons<br>envoyez | 注未来,条・現を除いては, 13 と同じ.<br>**renvoyer** |
| j' irais<br>tu irais<br>il irait<br>n. irions<br>v. iriez<br>ils iraient | j' **aille**<br>tu **ailles**<br>il **aille**<br>n. allions<br>v. alliez<br>ils **aillent** | j' allasse<br>tu allasses<br>il allât<br>n. allassions<br>v. allassiez<br>ils allassent | **va**<br><br>allons<br>allez | 注yがつくとき命令法・現在は vas: vas-y. 直・現・3 人称複数に ont の語尾をもつものは他に ont(avoir), sont(être), font(faire)のみ. |
| je finirais<br>tu finirais<br>il finirait<br>n. finirions<br>v. finiriez<br>ils finiraient | je finisse<br>tu finisses<br>il finisse<br>n. finissions<br>v. finissiez<br>ils finissent | je finisse<br>tu finisses<br>il finît<br>n. finissions<br>v. finissiez<br>ils finissent | finis<br><br>finissons<br>finissez | 注finir 型の動詞を第 2 群規則動詞という. |
| je partirais<br>tu partirais<br>il partirait<br>n. partirions<br>v. partiriez<br>ils partiraient | je parte<br>tu partes<br>il parte<br>n. partions<br>v. partiez<br>ils partent | je partisse<br>tu partisses<br>il partît<br>n. partissions<br>v. partissiez<br>ils partissent | pars<br><br>partons<br>partez | 注助動詞は être.<br>**sortir** |
| je sentirais<br>tu sentirais<br>il sentirait<br>n. sentirions<br>v. sentiriez<br>ils sentiraient | je sente<br>tu sentes<br>il sente<br>n. sentions<br>v. sentiez<br>ils sentent | je sentisse<br>tu sentisses<br>il sentît<br>n. sentissions<br>v. sentissiez<br>ils sentissent | sens<br><br>sentons<br>sentez | 注18と助動詞を除けば同型. |
| je tiendrais<br>tu tiendrais<br>il tiendrait<br>n. tiendrions<br>v. tiendriez<br>ils tiendraient | je tienne<br>tu tiennes<br>il tienne<br>n. tenions<br>v. teniez<br>ils tiennent | je tinsse<br>tu tinsses<br>il tînt<br>n. tinssions<br>v. tinssiez<br>ils tinssent | tiens<br><br>tenons<br>tenez | 注**venir 21** と同型, ただし, 助動詞は avoir. |

| 不定法<br>現在分詞<br>過去分詞 | 直説法 ||||
|---|---|---|---|---|
| | 現在 | 半過去 | 単純過去 | 単純未来 |
| **21. venir**<br>*venant*<br>*venu* | je viens<br>tu viens<br>il vient<br>n. venons<br>v. venez<br>ils viennent | je venais<br>tu venais<br>il venait<br>n. venions<br>v. veniez<br>ils venaient | je vins<br>tu vins<br>il vint<br>n. vînmes<br>v. vîntes<br>ils vinrent | je **viendrai**<br>tu **viendras**<br>il **viendra**<br>n. **viendrons**<br>v. **viendrez**<br>ils **viendront** |
| **22. accueillir**<br>*accueillant*<br>*accueilli* | j' **accueille**<br>tu **accueilles**<br>il **accueille**<br>n. accueillons<br>v. accueillez<br>ils accueillent | j' accueillais<br>tu accueillais<br>il accueillait<br>n. accueillions<br>v. accueilliez<br>ils accueillaient | j' accueillis<br>tu accueillis<br>il accueillit<br>n. accueillîmes<br>v. accueillîtes<br>ils accueillirent | j' **accueillerai**<br>tu **accueilleras**<br>il **accueillera**<br>n. **accueillerons**<br>v. **accueillerez**<br>ils **accueilleront** |
| **23. ouvrir**<br>*ouvrant*<br>*ouvert* | j' **ouvre**<br>tu **ouvres**<br>il **ouvre**<br>n. ouvrons<br>v. ouvrez<br>ils ouvrent | j' ouvrais<br>tu ouvrais<br>il ouvrait<br>n. ouvrions<br>v. ouvriez<br>ils ouvraient | j' ouvris<br>tu ouvris<br>il ouvrit<br>n. ouvrîmes<br>v. ouvrîtes<br>ils ouvrirent | j' ouvrirai<br>tu ouvriras<br>il ouvrira<br>n. ouvrirons<br>v. ouvrirez<br>ils ouvriront |
| **24. courir**<br>*courant*<br>*couru* | je cours<br>tu cours<br>il court<br>n. courons<br>v. courez<br>ils courent | je courais<br>tu courais<br>il courait<br>n. courions<br>v. couriez<br>ils couraient | je courus<br>tu courus<br>il courut<br>n. courûmes<br>v. courûtes<br>ils coururent | je **courrai**<br>tu **courras**<br>il **courra**<br>n. **courrons**<br>v. **courrez**<br>ils **courront** |
| **25. mourir**<br>*mourant*<br>*mort* | je meurs<br>tu meurs<br>il meurt<br>n. mourons<br>v. mourez<br>ils meurent | je mourais<br>tu mourais<br>il mourait<br>n. mourions<br>v. mouriez<br>ils mouraient | je mourus<br>tu mourus<br>il mourut<br>n. mourûmes<br>v. mourûtes<br>ils moururent | je **mourrai**<br>tu **mourras**<br>il **mourra**<br>n. **mourrons**<br>v. **mourrez**<br>ils **mourront** |
| **26. acquérir**<br>*acquérant*<br>*acquis* | j' acquiers<br>tu acquiers<br>il acquiert<br>n. acquérons<br>v. acquérez<br>ils acquièrent | j' acquérais<br>tu acquérais<br>il acquérait<br>n. acquérions<br>v. acquériez<br>ils acquéraient | j' acquis<br>tu acquis<br>il acquit<br>n. acquîmes<br>v. acquîtes<br>ils acquirent | j' **acquerrai**<br>tu **acquerras**<br>il **acquerra**<br>n. **acquerrons**<br>v. **acquerrez**<br>ils **acquerront** |
| **27. fuir**<br>*fuyant*<br>*fui* | je fuis<br>tu fuis<br>il fuit<br>n. fuyons<br>v. fuyez<br>ils fuient | je fuyais<br>tu fuyais<br>il fuyait<br>n. fuyions<br>v. fuyiez<br>ils fuyaient | je fuis<br>tu fuis<br>il fuit<br>n. fuîmes<br>v. fuîtes<br>ils fuirent | je fuirai<br>tu fuiras<br>il fuira<br>n. fuirons<br>v. fuirez<br>ils fuiront |

| 条件法 | 接続法 | | 命令法 | 同型 |
|---|---|---|---|---|
| 現在 | 現在 | 半過去 | | |
| je viendrais<br>tu viendrais<br>il viendrait<br>n. viendrions<br>v. viendriez<br>ils viendraient | je vienne<br>tu viennes<br>il vienne<br>n. venions<br>v. veniez<br>ils viennent | je vinsse<br>tu vinsses<br>il vînt<br>n. vinssions<br>v. vinssiez<br>ils vinssent | viens<br>venons<br>venez | 注 助動詞は être.<br>**devenir**<br>**intervenir**<br>**prévenir**<br>**revenir**<br>**(se) souvenir** |
| j' accueillerais<br>tu accueillerais<br>il accueillerait<br>n. accueillerions<br>v. accueilleriez<br>ils accueilleraient | j' accueille<br>tu accueilles<br>il accueille<br>n. accueillions<br>v. accueilliez<br>ils accueillent | j' accueillisse<br>tu accueillisses<br>il accueillît<br>n. accueillissions<br>v. accueillissiez<br>ils accueillissent | **accueille**<br>accueillons<br>accueillez | **cueillir** |
| j' ouvrirais<br>tu ouvrirais<br>il ouvrirait<br>n. ouvririons<br>v. ouvririez<br>ils ouvriraient | j' ouvre<br>tu ouvres<br>il ouvre<br>n. ouvrions<br>v. ouvriez<br>ils ouvrent | j' ouvrisse<br>tu ouvrisses<br>il ouvrît<br>n. ouvrissions<br>v. ouvrissiez<br>ils ouvrissent | **ouvre**<br>ouvrons<br>ouvrez | **couvrir**<br>**découvrir**<br>**offrir**<br>**souffrir** |
| je courrais<br>tu courrais<br>il courrait<br>n. courrions<br>v. courriez<br>ils courraient | je coure<br>tu coures<br>il coure<br>n. courions<br>v. couriez<br>ils courent | je courusse<br>tu courusses<br>il courût<br>n. courussions<br>v. courussiez<br>ils courussent | cours<br>courons<br>courez | **accourir** |
| je mourrais<br>tu mourrais<br>il mourrait<br>n. mourrions<br>v. mourriez<br>ils mourraient | je meure<br>tu meures<br>il meure<br>n. mourions<br>v. mouriez<br>ils meurent | je mourusse<br>tu mourusses<br>il mourût<br>n. mourussions<br>v. mourussiez<br>ils mourussent | meurs<br>mourons<br>mourez | 注 助動詞は être. |
| j' acquerrais<br>tu acquerrais<br>il acquerrait<br>n. acquerrions<br>v. acquerriez<br>ils acquerraient | j' acquière<br>tu acquières<br>il acquière<br>n. acquérions<br>v. acquériez<br>ils acquièrent | j' acquisse<br>tu acquisses<br>il acquît<br>n. acquissions<br>v. acquissiez<br>ils acquissent | acquiers<br>acquérons<br>acquérez | **conquérir** |
| je fuirais<br>tu fuirais<br>il fuirait<br>n. fuirions<br>v. fuiriez<br>ils fuiraient | je fuie<br>tu fuies<br>il fuie<br>n. fuyions<br>v. fuyiez<br>ils fuient | je fuisse<br>tu fuisses<br>il fuît<br>n. fuissions<br>v. fuissiez<br>ils fuissent | fuis<br>fuyons<br>fuyez | **s'enfuir** |

| 不定法<br>現在分詞<br>過去分詞 | 直 説 法 ||||
|---|---|---|---|---|
| | 現　在 | 半過去 | 単純過去 | 単純未来 |
| **28. rendre**<br><br>*rendant*<br>*rendu* | je rends<br>tu rends<br>il **rend**<br>n. rendons<br>v. rendez<br>ils rendent | je rendais<br>tu rendais<br>il rendait<br>n. rendions<br>v. rendiez<br>ils rendaient | je rendis<br>tu rendis<br>il rendit<br>n. rendîmes<br>v. rendîtes<br>ils rendirent | je rendrai<br>tu rendras<br>il rendra<br>n. rendrons<br>v. rendrez<br>ils rendront |
| **29. prendre**<br><br>*prenant*<br>*pris* | je prends<br>tu prends<br>il **prend**<br>n. prenons<br>v. prenez<br>ils prennent | je prenais<br>tu prenais<br>il prenait<br>n. prenions<br>v. preniez<br>ils prenaient | je pris<br>tu pris<br>il prit<br>n. prîmes<br>v. prîtes<br>ils prirent | je prendrai<br>tu prendras<br>il prendra<br>n. prendrons<br>v. prendrez<br>ils prendront |
| **30. craindre**<br><br>*craignant*<br>*craint* | je crains<br>tu crains<br>il craint<br>n. craignons<br>v. craignez<br>ils craignent | je craignais<br>tu craignais<br>il craignait<br>n. craignions<br>v. craigniez<br>ils craignaient | je craignis<br>tu craignis<br>il craignit<br>n. craignîmes<br>v. craignîtes<br>ils craignirent | je craindrai<br>tu craindras<br>il craindra<br>n. craindrons<br>v. craindrez<br>ils craindront |
| **31. faire**<br><br>*faisant*<br>*fait* | je fais<br>tu fais<br>il fait<br>n. faisons<br>v. **faites**<br>ils **font** | je faisais<br>tu faisais<br>il faisait<br>n. faisions<br>v. faisiez<br>ils faisaient | je fis<br>tu fis<br>il fit<br>n. fîmes<br>v. fîtes<br>ils firent | je **ferai**<br>tu **feras**<br>il **fera**<br>n. **ferons**<br>v. **ferez**<br>ils **feront** |
| **32. dire**<br><br>*disant*<br>*dit* | je dis<br>tu dis<br>il dit<br>n. disons<br>v. **dites**<br>ils disent | je disais<br>tu disais<br>il disait<br>n. disions<br>v. disiez<br>ils disaient | je dis<br>tu dis<br>il dit<br>n. dîmes<br>v. dîtes<br>ils dirent | je dirai<br>tu diras<br>il dira<br>n. dirons<br>v. direz<br>ils diront |
| **33. lire**<br><br>*lisant*<br>*lu* | je lis<br>tu lis<br>il lit<br>n. lisons<br>v. lisez<br>ils lisent | je lisais<br>tu lisais<br>il lisait<br>n. lisions<br>v. lisiez<br>ils lisaient | je lus<br>tu lus<br>il lut<br>n. lûmes<br>v. lûtes<br>ils lurent | je lirai<br>tu liras<br>il lira<br>n. lirons<br>v. lirez<br>ils liront |
| **34. suffire**<br><br>*suffisant*<br>*suffi* | je suffis<br>tu suffis<br>il suffit<br>n. suffisons<br>v. suffisez<br>ils suffisent | je suffisais<br>tu suffisais<br>il suffisait<br>n. suffisions<br>v. suffisiez<br>ils suffisaient | je suffis<br>tu suffis<br>il suffit<br>n. suffîmes<br>v. suffîtes<br>ils suffirent | je suffirai<br>tu suffiras<br>il suffira<br>n. suffirons<br>v. suffirez<br>ils suffiront |

| 条件法 | 接続法 | | 命令法 | 同型 |
|---|---|---|---|---|
| 現在 | 現在 | 半過去 | | |
| je rendrais<br>tu rendrais<br>il rendrait<br>n. rendrions<br>v. rendriez<br>ils rendraient | je rende<br>tu rendes<br>il rende<br>n. rendions<br>v. rendiez<br>ils rendent | je rendisse<br>tu rendisses<br>il rendît<br>n. rendissions<br>v. rendissiez<br>ils rendissent | rends<br><br>rendons<br>rendez | **attendre<br>descendre<br>entendre<br>pendre<br>perdre<br>répandre<br>répondre<br>vendre** |
| je prendrais<br>tu prendrais<br>il prendrait<br>n. prendrions<br>v. prendriez<br>ils prendraient | je prenne<br>tu prennes<br>il prenne<br>n. prenions<br>v. preniez<br>ils prennent | je prisse<br>tu prisses<br>il prît<br>n. prissions<br>v. prissiez<br>ils prissent | prends<br><br>prenons<br>prenez | **apprendre<br>comprendre<br>entreprendre<br>reprendre<br>surprendre** |
| je craindrais<br>tu craindrais<br>il craindrait<br>n. craindrions<br>v. craindriez<br>ils craindraient | je craigne<br>tu craignes<br>il craigne<br>n. craignions<br>v. craigniez<br>ils craignent | je craignisse<br>tu craignisses<br>il craignît<br>n. craignissions<br>v. craignissiez<br>ils craignissent | crains<br><br>craignons<br>craignez | **atteindre<br>éteindre<br>joindre<br>peindre<br>plaindre** |
| je ferais<br>tu ferais<br>il ferait<br>n. ferions<br>v. feriez<br>ils feraient | je **fasse**<br>tu **fasses**<br>il **fasse**<br>n. **fassions**<br>v. **fassiez**<br>ils **fassent** | je fisse<br>tu fisses<br>il fît<br>n. fissions<br>v. fissiez<br>ils fissent | fais<br><br>faisons<br>**faites** | **défaire<br>refaire<br>satisfaire**<br>注 fais-[f(ə)z-] |
| je dirais<br>tu dirais<br>il dirait<br>n. dirions<br>v. diriez<br>ils diraient | je dise<br>tu dises<br>il dise<br>n. disions<br>v. disiez<br>ils disent | je disse<br>tu disses<br>il dît<br>n. dissions<br>v. dissiez<br>ils dissent | dis<br><br>disons<br>**dites** | **redire** |
| je lirais<br>tu lirais<br>il lirait<br>n. lirions<br>v. liriez<br>ils liraient | je lise<br>tu lises<br>il lise<br>n. lisions<br>v. lisiez<br>ils lisent | je lusse<br>tu lusses<br>il lût<br>n. lussions<br>v. lussiez<br>ils lussent | lis<br><br>lisons<br>lisez | **relire<br>élire** |
| je suffirais<br>tu suffirais<br>il suffirait<br>n. suffirions<br>v. suffiriez<br>ils suffiraient | je suffise<br>tu suffises<br>il suffise<br>n. suffisions<br>v. suffisiez<br>ils suffisent | je suffisse<br>tu suffisses<br>il suffît<br>n. suffissions<br>v. suffissiez<br>ils suffissent | suffis<br><br>suffisons<br>suffisez | |

| 不定法<br>現在分詞<br>過去分詞 | 直　説　法 ||||
|---|---|---|---|---|
| | 現　在 | 半過去 | 単純過去 | 単純未来 |
| **35. conduire**<br><br>*conduisant*<br>*conduit* | je conduis<br>tu conduis<br>il conduit<br>n. conduisons<br>v. conduisez<br>ils conduisent | je conduisais<br>tu conduisais<br>il conduisait<br>n. conduisions<br>v. conduisiez<br>ils conduisaient | je conduisis<br>tu conduisis<br>il conduisit<br>n. conduisîmes<br>v. conduisîtes<br>ils conduisirent | je conduirai<br>tu conduiras<br>il conduira<br>n. conduirons<br>v. conduirez<br>ils conduiront |
| **36. plaire**<br><br>*plaisant*<br>*plu* | je plais<br>tu plais<br>il **plaît**<br>n. plaisons<br>v. plaisez<br>ils plaisent | je plaisais<br>tu plaisais<br>il plaisait<br>n. plaisions<br>v. plaisiez<br>ils plaisaient | je plus<br>tu plus<br>il plut<br>n. plûmes<br>v. plûtes<br>ils plurent | je plairai<br>tu plairas<br>il plaira<br>n. plairons<br>v. plairez<br>ils plairont |
| **37. coudre**<br><br>*cousant*<br>*cousu* | je couds<br>tu couds<br>il coud<br>n. cousons<br>v. cousez<br>ils cousent | je cousais<br>tu cousais<br>il cousait<br>n. cousions<br>v. cousiez<br>ils cousaient | je cousis<br>tu cousis<br>il cousit<br>n. cousîmes<br>v. cousîtes<br>ils cousirent | je coudrai<br>tu coudras<br>il coudra<br>n. coudrons<br>v. coudrez<br>ils coudront |
| **38. suivre**<br><br>*suivant*<br>*suivi* | je suis<br>tu suis<br>il suit<br>n. suivons<br>v. suivez<br>ils suivent | je suivais<br>tu suivais<br>il suivait<br>n. suivions<br>v. suiviez<br>ils suivaient | je suivis<br>tu suivis<br>il suivit<br>n. suivîmes<br>v. suivîtes<br>ils suivirent | je suivrai<br>tu suivras<br>il suivra<br>n. suivrons<br>v. suivrez<br>ils suivront |
| **39. vivre**<br><br>*vivant*<br>*vécu* | je vis<br>tu vis<br>il vit<br>n. vivons<br>v. vivez<br>ils vivent | je vivais<br>tu vivais<br>il vivait<br>n. vivions<br>v. viviez<br>ils vivaient | je vécus<br>tu vécus<br>il vécut<br>n. vécûmes<br>v. vécûtes<br>ils vécurent | je vivrai<br>tu vivras<br>il vivra<br>n. vivrons<br>v. vivrez<br>ils vivront |
| **40. écrire**<br><br>*écrivant*<br>*écrit* | j' écris<br>tu écris<br>il écrit<br>n. écrivons<br>v. écrivez<br>ils écrivent | j' écrivais<br>tu écrivais<br>il écrivait<br>n. écrivions<br>v. écriviez<br>ils écrivaient | j' écrivis<br>tu écrivis<br>il écrivit<br>n. écrivîmes<br>v. écrivîtes<br>ils écrivirent | j' écrirai<br>tu écriras<br>il écrira<br>n. écrirons<br>v. écrirez<br>ils écriront |
| **41. boire**<br><br>*buvant*<br>*bu* | je bois<br>tu bois<br>il boit<br>n. buvons<br>v. buvez<br>ils boivent | je buvais<br>tu buvais<br>il buvait<br>n. buvions<br>v. buviez<br>ils buvaient | je bus<br>tu bus<br>il but<br>n. bûmes<br>v. bûtes<br>ils burent | je boirai<br>tu boiras<br>il boira<br>n. boirons<br>v. boirez<br>ils boiront |

| 条件法 | 接続法 | | 命令法 | 同型 |
|---|---|---|---|---|
| 現在 | 現在 | 半過去 | | |
| je conduirais<br>tu conduirais<br>il conduirait<br>n. conduirions<br>v. conduiriez<br>ils conduiraient | je conduise<br>tu conduises<br>il conduise<br>n. conduisions<br>v. conduisiez<br>ils conduisent | je conduisisse<br>tu conduisisses<br>il conduisît<br>n. conduisissions<br>v. conduisissiez<br>ils conduisissent | conduis<br><br>conduisons<br>conduisez | **construire<br>cuire<br>détruire<br>instruire<br>introduire<br>produire<br>traduire** |
| je plairais<br>tu plairais<br>il plairait<br>n. plairions<br>v. plairiez<br>ils plairaient | je plaise<br>tu plaises<br>il plaise<br>n. plaisions<br>v. plaisiez<br>ils plaisent | je plusse<br>tu plusses<br>il plût<br>n. plussions<br>v. plussiez<br>ils plussent | plais<br><br>plaisons<br>plaisez | **déplaire<br>(se) taire**<br>（ただし il se tait） |
| je coudrais<br>tu coudrais<br>il coudrait<br>n. coudrions<br>v. coudriez<br>ils coudraient | je couse<br>tu couses<br>il couse<br>n. cousions<br>v. cousiez<br>ils cousent | je cousisse<br>tu cousisses<br>il cousît<br>n. cousissions<br>v. cousissiez<br>ils cousissent | couds<br><br>cousons<br>cousez | |
| je suivrais<br>tu suivrais<br>il suivrait<br>n. suivrions<br>v. suivriez<br>ils suivraient | je suive<br>tu suives<br>il suive<br>n. suivions<br>v. suiviez<br>ils suivent | je suivisse<br>tu suivisses<br>il suivît<br>n. suivissions<br>v. suivissiez<br>ils suivissent | suis<br><br>suivons<br>suivez | **poursuivre** |
| je vivrais<br>tu vivrais<br>il vivrait<br>n. vivrions<br>v. vivriez<br>ils vivraient | je vive<br>tu vives<br>il vive<br>n. vivions<br>v. viviez<br>ils vivent | je vécusse<br>tu vécusses<br>il vécût<br>n. vécussions<br>v. vécussiez<br>ils vécussent | vis<br><br>vivons<br>vivez | |
| j' écrirais<br>tu écrirais<br>il écrirait<br>n. écririons<br>v. écririez<br>ils écriraient | j' écrive<br>tu écrives<br>il écrive<br>n. écrivions<br>v. écriviez<br>ils écrivent | j' écrivisse<br>tu écrivisses<br>il écrivît<br>n. écrivissions<br>v. écrivissiez<br>ils écrivissent | écris<br><br>écrivons<br>écrivez | **décrire<br>inscrire** |
| je boirais<br>tu boirais<br>il boirait<br>n. boirions<br>v. boiriez<br>ils boiraient | je boive<br>tu boives<br>il boive<br>n. buvions<br>v. buviez<br>ils boivent | je busse<br>tu busses<br>il bût<br>n. bussions<br>v. bussiez<br>ils bussent | bois<br><br>buvons<br>buvez | |

| 不定法<br>現在分詞<br>過去分詞 | 直　説　法 ||||
|---|---|---|---|---|
| | 現　在 | 半過去 | 単純過去 | 単純未来 |
| **42. résoudre**<br>*résolvant*<br>*résolu* | je résous<br>tu résous<br>il résout<br>n. résolvons<br>v. résolvez<br>ils résolvent | je résolvais<br>tu résolvais<br>il résolvait<br>n. résolvions<br>v. résolviez<br>ils résolvaient | je résolus<br>tu résolus<br>il résolut<br>n. résolûmes<br>v. résolûtes<br>ils résolurent | je résoudrai<br>tu résoudras<br>il résoudra<br>n. résoudrons<br>v. résoudrez<br>ils résoudront |
| **43. connaître**<br>*connaissant*<br>*connu* | je connais<br>tu connais<br>il **connaît**<br>n. connaissons<br>v. connaissez<br>ils connaissent | je connaissais<br>tu connaissais<br>il connaissait<br>n. connaissions<br>v. connaissiez<br>ils connaissaient | je connus<br>tu connus<br>il connut<br>n. connûmes<br>v. connûtes<br>ils connurent | je connaîtrai<br>tu connaîtras<br>il connaîtra<br>n. connaîtrons<br>v. connaîtrez<br>ils connaîtront |
| **44. naître**<br>*naissant*<br>*né* | je nais<br>tu nais<br>il **naît**<br>n. naissons<br>v. naissez<br>ils naissent | je naissais<br>tu naissais<br>il naissait<br>n. naissions<br>v. naissiez<br>ils naissaient | je naquis<br>tu naquis<br>il naquit<br>n. naquîmes<br>v. naquîtes<br>ils naquirent | je naîtrai<br>tu naîtras<br>il naîtra<br>n. naîtrons<br>v. naîtrez<br>ils naîtront |
| **45. croire**<br>*croyant*<br>*cru* | je crois<br>tu crois<br>il croit<br>n. croyons<br>v. croyez<br>ils croient | je croyais<br>tu croyais<br>il croyait<br>n. croyions<br>v. croyiez<br>ils croyaient | je crus<br>tu crus<br>il crut<br>n. crûmes<br>v. crûtes<br>ils crurent | je croirai<br>tu croiras<br>il croira<br>n. croirons<br>v. croirez<br>ils croiront |
| **46. battre**<br>*battant*<br>*battu* | je bats<br>tu bats<br>il **bat**<br>n. battons<br>v. battez<br>ils battent | je battais<br>tu battais<br>il battait<br>n. battions<br>v. battiez<br>ils battaient | je battis<br>tu battis<br>il battit<br>n. battîmes<br>v. battîtes<br>ils battirent | je battrai<br>tu battras<br>il battra<br>n. battrons<br>v. battrez<br>ils battront |
| **47. mettre**<br>*mettant*<br>*mis* | je mets<br>tu mets<br>il **met**<br>n. mettons<br>v. mettez<br>ils mettent | je mettais<br>tu mettais<br>il mettait<br>n. mettions<br>v. mettiez<br>ils mettaient | je mis<br>tu mis<br>il mit<br>n. mîmes<br>v. mîtes<br>ils mirent | je mettrai<br>tu mettras<br>il mettra<br>n. mettrons<br>v. mettrez<br>ils mettront |
| **48. rire**<br>*riant*<br>*ri* | je ris<br>tu ris<br>il rit<br>n. rions<br>v. riez<br>ils rient | je riais<br>tu riais<br>il riait<br>n. riions<br>v. riiez<br>ils riaient | je ris<br>tu ris<br>il rit<br>n. rîmes<br>v. rîtes<br>ils rirent | je rirai<br>tu riras<br>il rira<br>n. rirons<br>v. rirez<br>ils riront |

| 条件法 | 接続法 | | 命令法 | 同型 |
|---|---|---|---|---|
| 現在 | 現在 | 半過去 | | |
| je résoudrais<br>tu résoudrais<br>il résoudrait<br>n. résoudrions<br>v. résoudriez<br>ils résoudraient | je résolve<br>tu résolves<br>il résolve<br>n. résolvions<br>v. résolviez<br>ils résolvent | je résolusse<br>tu résolusses<br>il résolût<br>n. résolussions<br>v. résolussiez<br>ils résolussent | résous<br><br>résolvons<br>résolvez | |
| je connaîtrais<br>tu connaîtrais<br>il connaîtrait<br>n. connaîtrions<br>v. connaîtriez<br>ils connaîtraient | je connaisse<br>tu connaisses<br>il connaisse<br>n. connaissions<br>v. connaissiez<br>ils connaissent | je connusse<br>tu connusses<br>il connût<br>n. connussions<br>v. connussiez<br>ils connussent | connais<br><br>connaissons<br>connaissez | 注 t の前にくるとき i→î.<br>**apparaître**<br>**disparaître**<br>**paraître**<br>**reconnaître** |
| je naîtrais<br>tu naîtrais<br>il naîtrait<br>n. naîtrions<br>v. naîtriez<br>ils naîtraient | je naisse<br>tu naisses<br>il naisse<br>n. naissions<br>v. naissiez<br>ils naissent | je naquisse<br>tu naquisses<br>il naquît<br>n. naquissions<br>v. naquissiez<br>ils naquissent | nais<br><br>naissons<br>naissez | 注 t の前にくるとき i→î.<br>助動詞はêtre. |
| je croirais<br>tu croirais<br>il croirait<br>n. croirions<br>v. croiriez<br>ils croiraient | je croie<br>tu croies<br>il croie<br>n. croyions<br>v. croyiez<br>ils croient | je crusse<br>tu crusses<br>il crût<br>n. crussions<br>v. crussiez<br>ils crussent | crois<br><br>croyons<br>croyez | |
| je battrais<br>tu battrais<br>il battrait<br>n. battrions<br>v. battriez<br>ils battraient | je batte<br>tu battes<br>il batte<br>n. battions<br>v. battiez<br>ils battent | je battisse<br>tu battisses<br>il battît<br>n. battissions<br>v. battissiez<br>ils battissent | bats<br><br>battons<br>battez | **abattre**<br>**combattre** |
| je mettrais<br>tu mettrais<br>il mettrait<br>n. mettrions<br>v. mettriez<br>ils mettraient | je mette<br>tu mettes<br>il mette<br>n. mettions<br>v. mettiez<br>ils mettent | je misse<br>tu misses<br>il mît<br>n. missions<br>v. missiez<br>ils missent | mets<br><br>mettons<br>mettez | **admettre**<br>**commettre**<br>**permettre**<br>**promettre**<br>**remettre** |
| je rirais<br>tu rirais<br>il rirait<br>n. ririons<br>v. ririez<br>ils riraient | je rie<br>tu ries<br>il rie<br>n. riions<br>v. riiez<br>ils rient | je risse<br>tu risses<br>il rît<br>n. rissions<br>v. rissiez<br>ils rissent | ris<br><br>rions<br>riez | **sourire** |

| 不定法<br>現在分詞<br>過去分詞 | 直説法 ||||
|---|---|---|---|---|
| | 現在 | 半過去 | 単純過去 | 単純未来 |
| **49. conclure**<br>*concluant*<br>*conclu* | je conclus<br>tu conclus<br>il conclut<br>n. concluons<br>v. concluez<br>ils concluent | je concluais<br>tu concluais<br>il concluait<br>n. concluions<br>v. concluiez<br>ils concluaient | je conclus<br>tu conclus<br>il conclut<br>n. conclûmes<br>v. conclûtes<br>ils conclurent | je conclurai<br>tu concluras<br>il conclura<br>n. conclurons<br>v. conclurez<br>ils concluront |
| **50. rompre**<br>*rompant*<br>*rompu* | je romps<br>tu romps<br>il rompt<br>n. rompons<br>v. rompez<br>ils rompent | je rompais<br>tu rompais<br>il rompait<br>n. rompions<br>v. rompiez<br>ils rompaient | je rompis<br>tu rompis<br>il rompit<br>n. rompîmes<br>v. rompîtes<br>ils rompirent | je romprai<br>tu rompras<br>il rompra<br>n. romprons<br>v. romprez<br>ils rompront |
| **51. vaincre**<br>*vainquant*<br>*vaincu* | je vaincs<br>tu vaincs<br>il **vainc**<br>n. vainquons<br>v. vainquez<br>ils vainquent | je vainquais<br>tu vainquais<br>il vainquait<br>n. vainquions<br>v. vainquiez<br>ils vainquaient | je vainquis<br>tu vainquis<br>il vainquit<br>n. vainquîmes<br>v. vainquîtes<br>ils vainquirent | je vaincrai<br>tu vaincras<br>il vaincra<br>n. vaincrons<br>v. vaincrez<br>ils vaincront |
| **52. recevoir**<br>*recevant*<br>*reçu* | je reçois<br>tu reçois<br>il reçoit<br>n. recevons<br>v. recevez<br>ils reçoivent | je recevais<br>tu recevais<br>il recevait<br>n. recevions<br>v. receviez<br>ils recevaient | je reçus<br>tu reçus<br>il reçut<br>n. reçûmes<br>v. reçûtes<br>ils reçurent | je **recevrai**<br>tu **recevras**<br>il **recevra**<br>n. **recevrons**<br>v. **recevrez**<br>ils **recevront** |
| **53. devoir**<br>*devant*<br>*dû*<br>(due, dus, dues) | je dois<br>tu dois<br>il doit<br>n. devons<br>v. devez<br>ils doivent | je devais<br>tu devais<br>il devait<br>n. devions<br>v. deviez<br>ils devaient | je dus<br>tu dus<br>il dut<br>n. dûmes<br>v. dûtes<br>ils durent | je **devrai**<br>tu **devras**<br>il **devra**<br>n. **devrons**<br>v. **devrez**<br>ils **devront** |
| **54. pouvoir**<br>*pouvant*<br>*pu* | je **peux (puis)**<br>tu **peux**<br>il peut<br>n. pouvons<br>v. pouvez<br>ils peuvent | je pouvais<br>tu pouvais<br>il pouvait<br>n. pouvions<br>v. pouviez<br>ils pouvaient | je pus<br>tu pus<br>il put<br>n. pûmes<br>v. pûtes<br>ils purent | je **pourrai**<br>tu **pourras**<br>il **pourra**<br>n. **pourrons**<br>v. **pourrez**<br>ils **pourront** |
| **55. émouvoir**<br>*émouvant*<br>*ému* | j' émeus<br>tu émeus<br>il émeut<br>n. émouvons<br>v. émouvez<br>ils émeuvent | j' émouvais<br>tu émouvais<br>il émouvait<br>n. émouvions<br>v. émouviez<br>ils émouvaient | j' émus<br>tu émus<br>il émut<br>n. émûmes<br>v. émûtes<br>ils émurent | j' **émouvrai**<br>tu **émouvras**<br>il **émouvra**<br>n. **émouvrons**<br>v. **émouvrez**<br>ils **émouvront** |

| 条件法 | 接続法 | | 命令法 | 同型 |
|---|---|---|---|---|
| 現 在 | 現 在 | 半過去 | | |
| je conclurais<br>tu conclurais<br>il conclurait<br>n. conclurions<br>v. concluriez<br>ils concluraient | je conclue<br>tu conclues<br>il conclue<br>n. concluions<br>v. concluiez<br>ils concluent | je conclusse<br>tu conclusses<br>il conclût<br>n. conclussions<br>v. conclussiez<br>ils conclussent | conclus<br><br>concluons<br>concluez | |
| je romprais<br>tu romprais<br>il romprait<br>n. romprions<br>v. rompriez<br>ils rompraient | je rompe<br>tu rompes<br>il rompe<br>n. rompions<br>v. rompiez<br>ils rompent | je rompisse<br>tu rompisses<br>il rompît<br>n. rompissions<br>v. rompissiez<br>ils rompissent | romps<br><br>rompons<br>rompez | **interrompre** |
| je vaincrais<br>tu vaincrais<br>il vaincrait<br>n. vaincrions<br>v. vaincriez<br>ils vaincraient | je vainque<br>tu vainques<br>il vainque<br>n. vainquions<br>v. vainquiez<br>ils vainquent | je vainquisse<br>tu vainquisses<br>il vainquît<br>n. vainquissions<br>v. vainquissiez<br>ils vainquissent | vaincs<br><br>vainquons<br>vainquez | **convaincre** |
| je recevrais<br>tu recevrais<br>il recevrait<br>n. recevrions<br>v. recevriez<br>ils recevraient | je reçoive<br>tu reçoives<br>il reçoive<br>n. recevions<br>v. receviez<br>ils reçoivent | je reçusse<br>tu reçusses<br>il reçût<br>n. reçussions<br>v. reçussiez<br>ils reçussent | reçois<br><br>recevons<br>recevez | **apercevoir**<br>**concevoir** |
| je devrais<br>tu devrais<br>il devrait<br>n. devrions<br>v. devriez<br>ils devraient | je doive<br>tu doives<br>il doive<br>n. devions<br>v. deviez<br>ils doivent | je dusse<br>tu dusses<br>il dût<br>n. dussions<br>v. dussiez<br>ils dussent | dois<br><br>devons<br>devez | 注命令法はほとんど用いられない. |
| je pourrais<br>tu pourrais<br>il pourrait<br>n. pourrions<br>v. pourriez<br>ils pourraient | je **puisse**<br>tu **puisses**<br>il **puisse**<br>n. **puissions**<br>v. **puissiez**<br>ils **puissent** | je pusse<br>tu pusses<br>il pût<br>n. pussions<br>v. pussiez<br>ils pussent | | 注命令法はない. |
| j' émouvrais<br>tu émouvrais<br>il émouvrait<br>n. émouvrions<br>v. émouvriez<br>ils émouvraient | j' émeuve<br>tu émeuves<br>il émeuve<br>n. émouvions<br>v. émouviez<br>ils émeuvent | j' émusse<br>tu émusses<br>il émût<br>n. émussions<br>v. émussiez<br>ils émussent | émeus<br><br>émouvons<br>émouvez | **mouvoir**<br>ただし過去分詞は<br>mû<br>(mue, mus, mues) |

| 不定法<br>現在分詞<br>過去分詞 | 直説法 ||||
|---|---|---|---|---|
| | 現在 | 半過去 | 単純過去 | 単純未来 |
| **56. savoir**<br>*sachant*<br>*su* | je sais<br>tu sais<br>il sait<br>n. savons<br>v. savez<br>ils savent | je savais<br>tu savais<br>il savait<br>n. savions<br>v. saviez<br>ils savaient | je sus<br>tu sus<br>il sut<br>n. sûmes<br>v. sûtes<br>ils surent | je **saurai**<br>tu **sauras**<br>il **saura**<br>n. **saurons**<br>v. **saurez**<br>ils **sauront** |
| **57. voir**<br>*voyant*<br>*vu* | je vois<br>tu vois<br>il voit<br>n. voyons<br>v. voyez<br>ils voient | je voyais<br>tu voyais<br>il voyait<br>n. voyions<br>v. voyiez<br>ils voyaient | je vis<br>tu vis<br>il vit<br>n. vîmes<br>v. vîtes<br>ils virent | je **verrai**<br>tu **verras**<br>il **verra**<br>n. **verrons**<br>v. **verrez**<br>ils **verront** |
| **58. vouloir**<br>*voulant*<br>*voulu* | je **veux**<br>tu **veux**<br>il veut<br>n. voulons<br>v. voulez<br>ils veulent | je voulais<br>tu voulais<br>il voulait<br>n. voulions<br>v. vouliez<br>ils voulaient | je voulus<br>tu voulus<br>il voulut<br>n. voulûmes<br>v. voulûtes<br>ils voulurent | je **voudrai**<br>tu **voudras**<br>il **voudra**<br>n. **voudrons**<br>v. **voudrez**<br>ils **voudront** |
| **59. valoir**<br>*valant*<br>*valu* | je **vaux**<br>tu **vaux**<br>il vaut<br>n. valons<br>v. valez<br>ils valent | je valais<br>tu valais<br>il valait<br>n. valions<br>v. valiez<br>ils valaient | je valus<br>tu valus<br>il valut<br>n. valûmes<br>v. valûtes<br>ils valurent | je **vaudrai**<br>tu **vaudras**<br>il **vaudra**<br>n. **vaudrons**<br>v. **vaudrez**<br>ils **vaudront** |
| **60. s'asseoir**<br>*s'asseyant*[1]<br>*assis* | je m'assieds[1]<br>tu t'assieds<br>il **s'assied**<br>n. n. asseyons<br>v. v. asseyez<br>ils s'asseyent | je m'asseyais[1]<br>tu t'asseyais<br>il s'asseyait<br>n. n. asseyions<br>v. v. asseyiez<br>ils s'asseyaient | je m'assis<br>tu t'assis<br>il s'assit<br>n. n. assîmes<br>v. v. assîtes<br>ils s'assirent | je m'**assiérai**[1]<br>tu t'**assiéras**<br>il s'**assiéra**<br>n. n. **assiérons**<br>v. v. **assiérez**<br>ils s'**assiéront** |
| *s'assoyant*[2] | je m'assois[2]<br>tu t'assois<br>il s'assoit<br>n. n. assoyons<br>v. v. assoyez<br>ils s'assoient | je m'assoyais[2]<br>tu t'assoyais<br>il s'assoyait<br>n. n. assoyions<br>v. v. assoyiez<br>ils s'assoyaient | | je m'**assoirai**[2]<br>tu t'**assoiras**<br>il s'**assoira**<br>n. n. **assoirons**<br>v. v. **assoirez**<br>ils s'**assoiront** |
| **61. pleuvoir**<br>*pleuvant*<br>*plu* | il pleut | il pleuvait | il plut | il **pleuvra** |
| **62. falloir**<br>*fallu* | il faut | il fallait | il fallut | il **faudra** |

| 条件法 | 接続法 | | 命令法 | 同型 |
|---|---|---|---|---|
| 現在 | 現在 | 半過去 | | |
| je saurais<br>tu saurais<br>il saurait<br>n. saurions<br>v. sauriez<br>ils sauraient | je **sache**<br>tu **saches**<br>il **sache**<br>n. **sachions**<br>v. **sachiez**<br>ils **sachent** | je susse<br>tu susses<br>il sût<br>n. sussions<br>v. sussiez<br>ils sussent | **sache**<br><br>**sachons**<br>**sachez** | |
| je verrais<br>tu verrais<br>il verrait<br>n. verrions<br>v. verriez<br>ils verraient | je voie<br>tu voies<br>il voie<br>n. voyions<br>v. voyiez<br>ils voient | je visse<br>tu visses<br>il vît<br>n. vissions<br>v. vissiez<br>ils vissent | vois<br><br>voyons<br>voyez | **revoir** |
| je voudrais<br>tu voudrais<br>il voudrait<br>n. voudrions<br>v. voudriez<br>ils voudraient | je **veuille**<br>tu **veuilles**<br>il **veuille**<br>n. voulions<br>v. vouliez<br>ils **veuillent** | je voulusse<br>tu voulusses<br>il voulût<br>n. voulussions<br>v. voulussiez<br>ils voulussent | **veuille**<br><br>**veuillons**<br>**veuillez** | |
| je vaudrais<br>tu vaudrais<br>il vaudrait<br>n. vaudrions<br>v. vaudriez<br>ils vaudraient | je **vaille**<br>tu **vailles**<br>il **vaille**<br>n. valions<br>v. valiez<br>ils **vaillent** | je valusse<br>tu valusses<br>il valût<br>n. valussions<br>v. valussiez<br>ils valussent | | 注 命令法はほとんど用いられない. |
| je m'assiérais[1]<br>tu t'assiérais<br>il s'assiérait<br>n. n. assiérions<br>v. v. assiériez<br>ils s'assiéraient | je m'asseye[1]<br>tu t'asseyes<br>il s'asseye<br>n. n. asseyions<br>v. v. asseyiez<br>ils s'asseyent | j' m'assisse<br>tu t'assisses<br>il s'assît<br>n. n. assissions<br>v. v. assissiez<br>ils s'assissent | assieds-toi[1]<br><br>asseyons-nous<br>asseyez-vous | 注 時称により2種の活用があるが, (1)は古来の活用で, (2)は俗語調である. (1)の方が多く使われる. |
| je m'assoirais[2]<br>tu t'assoirais<br>il s'assoirait<br>n. n. assoirions<br>v. v. assoiriez<br>ils s'assoiraient | je m'assoie[2]<br>tu t'assoies<br>il s'assoie<br>n. n. assoyions<br>v. v. assoyiez<br>ils s'assoient | | assois-toi[2]<br><br>assoyons-nous<br>assoyez-vous | |
| il pleuvrait | il pleuve | il plût | | 注 命令法はない. |
| il faudrait | il **faille** | il fallût | | 注 命令法・現在分詞はない. |